基于成果导向的高职英语教学改革研究

邹 雯 著

中国原子能出版社

图书在版编目（CIP）数据

基于成果导向的高职英语教学改革研究 / 邹雯著 .
-- 北京：中国原子能出版社，2023.4

ISBN 978-7-5221-2677-7

Ⅰ. ①基…　Ⅱ. ①邹…　Ⅲ. ①英语 - 教学改革 - 研究
- 高等职业教育　Ⅳ. ① H319.3

中国国家版本馆 CIP 数据核字（2023）第 072371 号

基于成果导向的高职英语教学改革研究

出版发行　中国原子能出版社（北京市海淀区阜成路 43 号　100048）
责任编辑　白皎玮
责任印制　赵　明
印　　刷　北京天恒嘉业印刷有限公司
经　　销　全国新华书店
开　　本　787 mm×1092 mm　1/16
印　　张　10
字　　数　216 千字
版　　次　2023 年 4 月第 1 版　2023 年 4 月第 1 次印刷
书　　号　ISBN 978-7-5221-2677-7　　**定　价**　**76.00** 元

前　言

改革开放以来，中国发生了翻天覆地的变化，国民经济实现快速增长，综合国力增强，同时也推动了教育的不断发展。不同的时代，社会对教育的需求不同。现阶段，优先发展教育事业、提高教育质量、实施扩大就业的发展战略，在社会建设中具有特别重要的意义。教育的基础性、先导性、全局性地位和作用更加突出。中国的未来发展和中华民族的伟大复兴，归根结底靠人才，人才培养的基础在教育。教育是提高人民思想道德素质和科学文化素质的基本途径，是发展科学技术和培养人才的基础工程。优先发展教育建设人力资源强国，就是要把国家从人口大国转化为人力资源强国，促进社会经济稳步发展，不断提高我国的综合国力和国际竞争力。中国现代化建设需要教育的“智力支撑”，通过接受教育，人们学习了科学文化知识和劳动生产技能，教育为我国的现代化建设培养了各类的人才和能够熟练运用各种技能的劳动者。

高等职业教育的培养对象都是从事生产、服务、管理第一线职业岗位的实用型人才，这些人才占从业人员的绝大多数。就业是民生之本，关乎每个家庭的切身利益，职业教育是促进经济、社会发展和劳动就业的重要途径。特别是改革开放以来，随着我国社会经济的快速发展，工业化进程的不断加快，社会对技能型人才，特别是高技能型人才的需求量大大增加。在客观需求和国家扶持的双重推动下，我国高等职业教育进入黄金发展期。

但是，随着高等职业教育办学规模的不断扩大，人们开始更多地关注其内涵的发展，高等职业教育所凸显的问题日益被人们所关注。高技能人才匮乏，虽然对此可以从社会诸多方面找到解释，但是有一点可以肯定：出现这种技能型人才缺乏的现状，说明高等职业教育的人才培养规格与社会发展对高技能人才的需求之间还存在一定差距。纵观当今高等职业教育，面临着诸多的现实困境。许多教育研究者一直在苦思冥想，试图找到解决职业教育中现有问题的良方。

成果导向是一种以学生的学习成果为核心的教育理念，是提高高职人才质量的重要思想工具。成果导向作为高职教学的核心理念之一，提倡从最终的学习成果入手对高职英语教育课程进行反向设计，通过设计纵向连贯、横向统整的内容体系有效地提高课程目标的达成度，同时借助评价实现对英语教学课程的持续改进，从而保证英语教学课程质量的稳步提升，提高高职英语专业人才的培养质量。

本书从三个方面对高职英语教学改革进行了研究，首先介绍了高职英语教学的相关知识与理论现状，并对高职英语的专业建设进行了阐述，进一步探讨了高职英语教学改革的相关问题；其次，本书对成果导向教育的理论逻辑进行了分析与探讨；最后，本书立足成果导向视角，对高职英语教师人才培养、高职英语课程实施、高职英语课程评价三个方面进行了分析与研究。

由于笔者水平有限，书中难免有不妥甚至谬误之处，望广大学界同仁与读者朋友能够多加批评指正。

目 录

第一章　高职英语教学概论

作为我国高等教育的一个重要组成部分，高职英语教学在为社会培养高素质的应用型英语人才的过程中承担着重要的责任。随着社会的进步、时代的变化，高职英语教学的现状也不容乐观。因此，教师应该更多地关注高职英语教学的改革和长久的发展。本章主要研究英语教学的理论基础，有针对性地提出一些有关高职英语教学发展的意见。

第一节　英语教学的理论基础

教学是通过一系列的外部事件来刺激、支持学习的过程，其目的在于促进学生的学习。为实现这一点，教师必须在教学中采取有效的教学策略。很多有效的教学策略往往是建立在有关的学习理论基础之上的。下面笔者就对英语教学的理论基础进行详细的介绍。

※ 一、社会语言学

社会语言学是一门新兴的语言学分支，主要从不同的社会科学的角度研究语言的社会本质和差别，以及影响它们的社会因素。由此可见，社会语言学将语言当作一种社会现象进行研究，并认为语言最本质的功能就是社会交际功能。美国社会语言学家海姆斯（D.H.Hymes）认为，学生是在社会化的过程中自然而然地习得母语的，他们不仅能说出符合语法和本族语习惯的句子，还能在一定的场合、情境中使用恰当的语言。另外，海姆斯（1966）还曾指出："交际能力是运用语言进行社会交往的能力，既包括语言能力，也包括影响语言使用的社会文化意识能力；既包括言语行为的语法正确性，又包括言语行为的社交得体性。"这一理论，即"交际能力"理论。

总的来说，社会语言学主要研究语言与文化、职业等之间的关系，以及对语言在不同的社会环境及条件下的应用。社会语言学认为，人们在表达同一思想内容时所使用的语言会因为种族、民族、性别、年龄、身份、经济地位、文化程度及场合等方面的不同而产生很大的差别。例如：

Come here, John.（对熟悉、亲近的人所说的话）

Come here please, Mr.Brown.（对年长的或不熟悉的人所说的话）

Would you please come this way, Mr.White？（在较隆重的正式场合或引导外宾时所说的话）

社会语言学的研究促使人们更加关注语言使用的得体性，同时也促使教育工作者更加重视培养学生得体地使用语言的能力。在此影响下，交际法应运而生。

※ 二、比较语言学

比较语言学又称“历史比较语言学”。具体来说，比较语言学就是将相关的各种语言放在一起进行共时比较，或对某一种语言历史发展的不同阶段进行历时比较，目的在于找出不同语言之间及同一语言的不同发展阶段之间在语音、词汇、语法上的对应关系和异同。简单来说，比较语言学着重研究两种语言（外语和母语）或同一语言的不同历史阶段的异同。利用比较语言学，一方面，人们可以研究相关语言之间结构上的亲缘关系，找出它们的共同母语，或了解各语言自身的特点，以指导语言教学；另一方面，人们也可以找出语言发展、变化的轨迹，以及导致这些发展、变化的原因。19 世纪，比较语言学的相关理论就被广泛地应用于印欧语的语言研究，并取得了不小的成果。

比较语言学在英语教学中的应用，体现在比较教学法上。教师通过比较英语与汉语两种语言可以发现英语的特点及两种语言之间的差别，从而预测和分析学生在学习英语过程中可能会遇到的难点，并据此有针对性地确定教学内容、制订教学计划，从而为学生提供恰当的指导和帮助。

※ 三、结构主义语言学

结构主义语言学又称“描写语言学”，其最杰出的代表人物及奠基人是美国语言学家布龙菲尔德（Bloomfield）。结构主义语言学认为，语言是一个完整的结构体系，由层次不同但相互联系的语法结构、语言成分两部分组成。

结构主义语言学是在行为主义心理学的基础上形成的，它将语言学习过程视为一个行为形成的过程。行为主义者认为，人的学习过程包括三个要素：刺激（Stimulus）、反应（Response）和巩固（Reinforcement）。结构主义语言学认同这一观点，并认为人们就是在反复刺激和反复巩固中逐渐学会一门语言的。

结构主义语言支持者十分重视口语技能。他们认为，在语言听、说、读、写四种技能中，学习者应该先学听、说，后学读、写。他们还认为，语言的学习顺序应该遵循语言描述的顺序，即语言学习应该首先从音素开始，然后依次是词素、单词、词组和句子结构。另外，结构主义学派认为，语言之间存在差异，因此教师应该熟悉外语和母语之间的异同，从而有针对性地编写适合本国学生的教材，并针对其中的不同点展开重点训练。

结构主义语言学派认为，外语学习的过程就是一个外语习惯养成的过程。外语教学也应该遵循这一原则，通过不断的、正确的刺激与反应逐渐取得良好的效果。所以，结构主义语言学派认为，学生在开始阶段就应该学习地道的语音、语调及正确的句型、语法。英语教学中的听说法就是以结构主义语言学为理论依据发展而来的，而句型操练就是这种教学理论的典型代表。

相对于传统语法学派而言，尽管结构主义语言学对语言的研究已经有了不小的进步，但受行为主义心理学的影响，他们将语言行为描述成“刺激—反应—巩固”的过程，使人的语言在功能上等同于动物的呼叫，这就显得十分荒谬。因此，结构主义语言学派长期以来也一直饱受质疑和批评。

※ 四、建构主义学习理论

20 世纪后期，随着心理学的发展及心理学家对人类学习过程中认知规律研究的不断深入，认知理论的一个重要分支——建构主义学习理论在西方流行开来。建构主义学习理论是认知主义学习理论的发展，它从认识论的高度提出了认识的建构性原则，强调了认识的能动性。

※ 五、行为主义学习理论

行为主义学习理论兴起于 20 世纪 50 年代的美国，代表人物是华生（J.B.Watson）和斯金纳（B.F.Skinner）。他们认为，学习是刺激与反应之间的联结。他们假设行为是学习者对环境刺激所做出的反应，将环境视为刺激，将伴随而来的行为视为反应，认为所有行为都是习得的。

行为主义学习理论对外语教学有着重大影响，这些影响在实际的英语教学中随处可见。例如，课堂教学中的句型操练、测试，教师通过表扬来鼓励好的行为、通过批评来制止不好的行为等，都体现了行为主义学习理论的观点。另外，教师通过某种干预试图改变学生的行为，帮助学生学习知识、发展技能，并测评学生的表现，这些同样是受到行为主义学习理论影响的结果。

行为主义认为，学习是一个不断尝试错误的过程，也是一个习惯养成的过程。语言学习需要通过一系列的步骤逐渐达到，而在这个过程中学习者需要经历多次尝试、失败和修正。桑代克（Thorndike）认为，学习可以在没有意识参与的情况下自动形成“刺激—反应”联结，通过反复训练，学习者就会对特定的刺激产生习惯的反应。语言学习同样可以通过无意识的反复训练来掌握语言知识和语言技能。

斯金纳则认为，行为同样可以对环境产生影响，而环境的改变反过来又会影响学习者未来的行为。例如，学生可能因为受到表扬而继续某种行为，也可能为了避免某种惩罚而停止某种行为。因此，在英语教学中，教师对学习者表现的反馈十分重要。

※ 六、人本主义心理学

人本主义心理学兴起于 20 世纪 60 年代的美国，代表人物是马斯洛（A.Maslow）和罗杰斯（C.R.Rodgers）。他们认为，教育的作用只是为学习者提供一个充满人情味的心理环境，给学习者以辅助，从而使学习者固有的优异潜能得到发挥。另外，罗杰斯还提出了“自主学习”和“以学生为中心”的学习观与教育观。

人本主义心理学强调的是人们自我指导、自我发展和自我实现的过程，其在教育思想上的反映就是倡导认知与情感的统一，主张以学习者为中心，建立良好的师生关系，营造一种宽松的学习氛围。教学中要以学生为中心，教师只是学习的促进者、协作者，或者说话伙伴、朋友，学生才是学习的关键，学习的过程就是学习的目的之所在。由此可见，相对于教学内容和教学结果而言，人本主义更重视教学过程和教学方法，并认为教学的目标是促进学习。

人本主义心理学的有关理论对 20 世纪 70 年代的教育思想有着极为深刻的影响，能够反映其理念的教学方法有沉默教学法、暗示教学法、全身反应法和社团教学法等。

※ 七、乔姆斯基的语言学理论

乔姆斯基（Chomsky）主要研究的是语言能力，而非语言运用，其有关语言能力的转换生成语法理论的研究对象就是“被理想化了的说话人和听话人的语言知识”。乔姆斯基认为，语言理论的主要任务是向人们提供语法选择的标准，而生成语法就是这样的语法理论。生成语法理论的中心思想是：某种语言的语法应可以生成所有的句子。乔姆斯基认为，语言运用是使用某种语言的具体行为，而语言能力则是说该语言的人对这种语言的内在认识。他认为，语言能力是一种创造过程，特别强调了语言的创造性。

一般而言，语言能力和语言运用之间没有必然关系，语言运用并非语言能力的直接反映。乔姆斯基说，他的语言理论与索绪尔（Saussure）的语言理论有一定联系，不同的是，索绪尔的语言理论主要区别的是语言与言语的关系，而他的语言理论主要区别的则是语言能力与语言运用的关系。

※ 八、皮亚杰的发生认识论

发生认识论是由瑞士语言学家皮亚杰（J.Piaget）最早提出的，它是一种关于认识论的理论。该理论依据的是以皮亚杰为代表的日内瓦学派对学生心理发展的研究和其他学科有关认识论的研究。发生认识论试图以认识的社会、历史根源、认识所依据的概念和“运算”的心理起源为依据来解释认识，尤其是科学认识。

发生认识论是皮亚杰心理学的核心理论。该理论主要研究人类的认识，包括认知、智力、思维、心理的发生与结构。他认为，无论一个人的知识多么高深、复杂，都可以追溯到他的童年，甚至是胚胎时期。因此，皮亚杰认为，人出生以后如何形成认识、发展思维，受哪些因素制约，各种不同水平的智力及思维结构是如何先后出现的等问题都值得研究。

※ 九、克拉申的第二语言习得理论

美国语言学家斯蒂芬·克拉申（Stephen D. Krashen）于20世纪70年代提出了著名的语言监控理论。该理论包括五个部分：习得/学习假设（The Acquisition/Learning Hypothesis）、自然顺序假设（The Natural Order Hypothesis）、情感过滤假设（The Affective Filter Hypothesis）、监控假设（The Monitor Hypothesis）和输入假设（The Input Hypothesis）。下面教师就对这五个部分展开介绍。

（一）习得/学习假设

克拉申认为，“学习”和“习得”不同。“学习”是学习者通过课堂学习等方式有意识地掌握语言语法规则的过程。语言学习与有意识的系统联系在一起。学习者是通过有意识地学习语言规则和改正语言错误去掌握外语的。“习得”则是学习者在无意识的状态下掌握语言能力的过程。换言之，“习得”是指学习者在任何场合下都能够迅速、流利、灵活地运用这些规则进行交流。有意识的学习过程与无意识的习得过程是互相独立的。

人们一般认为，第一语言是习得的，而外语是学习的。但克拉申（1985）则认为，外语也可以，而且应该通过习得来获取；学习者可以在自然交际中使用语言来发展语言能力；而语言学习只能监控和修正语言，却不能发展交际能力，只有习得才能够发展交际能力。

（二）自然顺序假设

“自然顺序假设”是在普遍语法和过渡语理论基础上发展起来的。该假设理论认为，人们对语言的自然习得是按自然顺序进行的。这里的“自然习得”是指非正式学习。无论语言学习者的文化背景有多大的不同，他们学习外语时的语法难点都是共同的，换言之，他们都有几乎相同的习得语法顺序。有实验证明，在将英语作为第二语言学习时，无论是学生还是成年人，他们对进行时的掌握一般都早于对过去时的掌握，对名词复数的掌握都早于对名词所有格的掌握。不过，克拉申认为，人们制定教学大纲时并不需要以自然顺序假说为依据。实际上，如果外语教学的目的是让学生习得某种语言能力，就完全可以不按任何语法顺序来进行教学。

（三）情感过滤假设

“情感过滤假设”中的“情感”，指的是学习者的动机、需求及情感状态。这些情感因素对语言的输入具有调节功能，或促进语言输入，或阻碍语言输入，因而又被视为可调节的过滤器。过滤器对语言输入而言是必不可少的。只有通过过滤器，语言输入才能到达语言习得机制，从而为大脑所吸收。外语学习者对所学语言的情感是积极的，还是消极的，对语言输入的影响很大，积极的情感态度有助于更多地输入目的语，而消极的情感态度则会过滤掉很多的目的语。

（四）监控假设

监控假设与习得 / 学习假设关系紧密，它反映了“语言习得”和“语言学习”之间的内在关系。根据监控假设，语言习得与语言学习的作用是各不相同的。不同之处在于：语言习得系统，即潜意识的语言知识，才是真正的语言能力；而语言学习系统，即有意识的语言知识，只是在第二语言的运用中起监控或编辑的作用。这种监控功能既可能发生在语言输出（即说、写）前，也可能发生在语言输出后。但是，监控功能要想发挥作用还需满足以下三个条件。

第一，有足够的时间，即语言使用者需要足够的时间才能有效地选择和运用语法规则。

第二，知道规则，即语言使用者必须掌握了所学语言的语法概念和语言规则。

第三，注意语言形式，即语言使用者必须注意所用语言的形式，考虑语言使用是否正确。

这种监控作用在不同的语言交际活动中会导致不同的交际效果：在口头表达时，由于语言输出的速度相对较快，如果说话人说话的时候过分考虑语法使用、语法监控，企图不断地纠正自己的语法错误，说起话来就会结结巴巴，妨碍交际的顺利进行；而在书面表达时，由于语言输出的速度相对较慢，且受话人也更关注语言的形式，作者有足够的时间推敲词句、斟酌语法，因此交际效果就会好很多。

（五）输入假设

输入假设是第二语言习得理论的核心，它与学习无关，而与习得相关。输入假设认为，语言使用能力不是教出来的，而是随着时间的推移，接触到理想的输入后自然而然形成的。由此可见，理想的输入对语言能力的形成具有重要意义。

理想的输入应具备以下四个特点。

第一，足够的输入（i+1）。i+1 是克拉申提出的著名公式。其中，i 代表习得者现有的水平；i+1 表示语言材料应略高于习得者目前的语言水平。根据这一观点，人们无须故意输入 i+1 类的语言，只要习得者能理解输入的材料，且达到了一定的量，就意味着已经自动有了这种输入。

第二，可理解性。理想的输入意味着输入的语言必须可以被理解，不可被理解的输入对学习者不仅无用，还会损害学习者学习的积极性。尤其是对语言初学者而言，若只听那些无法理解的语言就等于浪费时间。由此可见，可理解性的语言输入是语言习得的必要条件。

第三，既有趣，又有关联。输入的语言材料若具有一定的趣味性，且与习得者的生活有一定的关联，就会增强语言习得的效果。

第四，非语法程序安排。在语言习得的过程中，按语法程序安排的教学活动，一方面存在量的不足，另一方面也是完全不必要的，重要的是要有足够的可理解的输入。

※ 十、斯温的输出假设

根据加拿大法语沉浸式教学结果，斯温（Merrill Swain）提出了输出假设。她认为，要想实现语言习得，语言输入是必要条件，但并非充分条件；要使学习者达到较高的外语水平，除了需要可理解的输入，还需要可理解的输出。学习者必须充分利用现有的语言资源，通过积极地思考使输出的语言更恰当、准确和容易理解。只有这样，学习者才能不断提高语言表达的流利程度，并意识到自己在语言使用中存在的问题。因此，在外语教学中，教师应该为学生提供足够的使用语言的机会，增强学生使用语言的流利性和准确性。

※ 十一、错误分析理论

20 世纪中后期兴起了一股对第二语言和外语学习者错误研究的趋势。这种研究主要通过比较学习者的母语和目标语这两种语言来探求它们之间的异同。1967 年，英国应用语言学家科德（Corder）在其发表的《The Significance of Learner's Errors》一文中首次提出了错误分析理论，系统地分析了学习者在学习过程中的错误，确定了这些错误的来源，并为消除这些错误提供了重要依据。

错误分析理论认为，学生学习外语就像学生学习母语一样，首先对目标语做出各种假设，然后不断在语言接触和交际使用的过程中检验这些假设。在此过程中，错误是不可避免的，同时也是十分必要的。因为错误反映了学习者对目标语所做的假设与目标语体系不符，这就会引起学习者的格外注意，并有针对性地进行纠正。通过观察、分析这些错误，教师可以了解学习者如何建立假设并检验它，了解外语学习者学习的方法及对目的语的熟悉程度。

错误分析理论的提出，使人们能够用更客观、理性的态度看待错误，使人们认识到错误不是可耻的，而是能对语言学习产生重要导向作用的。随着语言学的不断发展，语言学家对错误分析理论的研究必将逐渐深入，在不断地研究中进一步充实和完善它，使其对外语教学产生更大的指导作用。

第二节　高职英语教学的现状

※ 一、英语基础知识教学的现状

（一）语音教学的现状

1. 语音教学的内容和任务应全面、系统

少数教师误以为语音教学就是教字母、单词读音、国际音标。事实上，这种观点反映了其对语音教学内容的认识缺陷，因为语流、语调、重音等同样是语音教学的重要内容。但有的英语教师只关心前面几项内容，而忽视了后面几项内容，这就很容易造成学生发音、拼读尚可，但语调不过关、语流不畅，最后导致学生读不清楚、说不明白，甚至会因为语调使用错误而引起他人的误解。因此，英语语音教学不能只停留在单个音素和单词读音的层面上，还应在音长、重音、语调、停顿、节奏等方面对学生进行重点训练。

总的来说，在语音教学中，教师必须使学生具备以下几种能力。

第一，能够听音、辨音和模仿语音。

第二，能够将单词的音、形、义联系起来，并迅速做出反应。

第三，能够按照发音规则将字母及字母组合读出来。

第四，能够迅速地拼读音标。

第五，能够将句子的读音和意义直接而快速地联系起来，从而形成通过有声言语进行交际的能力。

第六，能够流利地朗读诗歌、文章。

2. 对语音教学的认识需提高

对语音教学的认识不足主要表现在两个方面：对语音教学的重视不够、缺乏对语音教学长期性的认识。

（1）对语音教学的重视不够

作为语言存在的基础，语音是英语教学的一关。可以说，世界上所有的语言不一定都有文字形式，但一定有各自的语音。因此，英语语音教学也应该是整个高职英语教学发展的起点。然而在实际教学中，一些教师对语音教学并不重视，这一点主要表现为对学生的发音问题（如浊辅音发成清辅音、短元音发成长元音等）不认真纠正、轻易放过，致使学生的语音基本技巧不纯熟，无法快速地将字母和语音联系起来，达不到直接反应的水平。总之，对语音教学的重视不够直接导致了学生发音不准、语流不畅、语音不地道等问题。

（2）缺乏对语音教学长期性的认识

少数教师和学生认为，语音作为一项基础知识，只存在于英语教与学的初级阶段，高职阶段无须再开展语音教学。这种观点是不正确的。事实上，语音教学应该贯穿于整个英语教学之中。这一点常被部分教师忽视，导致学生的语音越来越差，高年级学生的开口能力和习惯反而不如低年级学生。这些问题的产生都和教师对语音教学的长期性认识不够有很大的关系。语音是一种技巧性能力，“久熟不如常练”，语音的学习自然就需要经常练习。教师不仅要指导学生练习，自己也要不断地进行纠音和正调。需要指出的是，高职阶段的英语语音教学不必将重点放在孤立的发音上，可将语音教学融入语法、词汇、句型、课文教学，以及听、说、读、写训练之中，结合语境才能更好地使学生的语音水平得到提高。

3. 教师语音水平有待提高

教师作为学生学习的榜样，其发音的准确、地道与否都直接影响学生对语音的学习。然而，由于地区差异等，少数英语教师自身也存在发音不标准的问题，这在高职高专中表现得较为明显。还有一些英语教师不分英式发音和美式发音，这在教师看来似乎没什么，但英语本族人对英式发音和美式发音却比较敏感。要想解决这些问题，一方面教师必须自觉地提高英语水平，进行一定的专门发音训练；另一方面教师也可以通过使用数码产品等教学工具来保证语音的准确性，并使每名学生都能听得清楚，然后根据数码产品纠正自己的发音、语调等问题。

4. 学生语音练习机会需增加

高职阶段的语音教学不像初学英语时那样，教师会用专门的几节课讲授语音知识。非英语专业的高职英语教学并无专门的语音课，语音是和其他语言知识与语言技能一起进行综合教学的。平均下来，教师分配给语音教学的时间本来就少，而用于语音练习的时间就更少了。这是英语语音教学中的一个显著问题，也是学生英语语音学习效果不佳的一个重要原因。要想解决这一问题，首先，要坚持听音在先，听清、听准、听够，然后再模仿发音或读音；其次，教师可在纠正语音的时候画龙点睛地讲一些语音知识和练习诀窍，如设计单音成组比较练习，音调、词调、句调结合练习，或英汉语音对比练习等。此外，对学生语音学习中普遍存在的问题，教师应有针对性地对学生进行“发声”指导，予以纠正。

（二）词汇教学的现状

1. 教学方法有待提高

词汇是学生最常学习的内容，也是学习中最头疼的部分。很多学生都存在记得快、忘得也快的问题，而且总是死记硬背单词，也常常因为太过枯燥、乏味半途而废。这一现状与教师词汇教学的方法不无关联。少数教师依然采用传统的教学方法，即“教师领读—学生跟读—教师讲解重点词汇用法—学生读写记忆”。这种教学方法单调、乏味，导致学生处于被动的学习地位，这无疑加剧了学生对词汇学习的抵触情绪，教与学的效果都不会太好。对此，教师必须重视词汇教学方法的更新，要采用多样、有趣的词汇教学方法来调动学生的积极性，提高学生学习词汇的兴趣。例如，教师可以利用实物、图片、肢体语言、多媒体等教具来呈现和讲解词汇，而不是一味地用黑板呈现。这样有助于吸引学生，引起他们的学习兴趣。

2. 需突出学生的主体地位

学生是学习的主体，其自身的各项因素都直接决定了学习的效果。现代教育观认为，只有突出学生的主体地位，教学才能收到令人满意的效果。然而，这种主体地位在实际的英语教学中仍未得到很好的体现，词汇教学也不例外。词汇教学本应注重对学生智力的开发，重视对学生的观察力、记忆力、想象力、思维能力及创造能力的培养。而现实状况是，少数教师仍然采用“填鸭式”教学，将词汇的发音、意思、搭配等知识一股脑儿地灌输给学生，也不管学生需不需要、有没有兴趣，因而词汇教学效果不佳。

实际上，学生进入高职阶段，大多有了一定的英语词汇基础，且有能力对相关的词汇规律进行归纳和总结。因此，教师不应继续“独揽霸权”，而应发挥引导作用，使学生逐渐能够独立思考和总结，发现词汇规律，掌握词汇学习的方法，这样才能使学生的词汇学习事半功倍。

3. 应强化与实际生活的联系

人们往往更加关心自己熟悉的、与自己有关的事物，因此教师也应将词汇与学生生活联系起来，以激发学生更大的学习兴趣。然而，还有少数教师仍然采用黑板和口头讲述单词的方式，词汇与实际生活的联系十分微弱。教师如果不能使词汇教学与学生的实际生活联系起来，就难以激发学生对词汇的学习兴趣，也就无法因材施教。

为解决这一问题，教师必须注意词汇教学与学生生活的联系。例如，教师可将所授词汇放在一个真实的语境中来呈现或讲解，也可以适度扩展一些学生感兴趣的词汇，还可以补充一些和所教词汇相关的课外内容。学生只有看到词汇的实用性，才会产生强烈的学习动机，其学习效果才会更好。

4. 词汇学习应具有系统性

英语词汇虽然多达上百万，看起来杂乱无章，实则是有规律可循的。因此，教师应该按照一定的系统来开展词汇教学。教师把握好这种系统性，有助于加强词汇之间的联系，从而提高词汇教学的效率和效果。教师应将词汇教学纳入知识系统学习的轨道，用专门的知识系统来引领和组织英语词汇学习。例如，教师可定期按照一定的标准（如相同主题、反义关系、相同语境等）对所学词汇进行归纳与总结，使学生对所学词汇形成一个系统的认识，从而加深理解和记忆。

（三）语法教学的现状

1. 教学方法应全面

高职英语语法教学方法单一的问题，体现为教师只使用“先讲语法规则，后做练习”的教学方法。这种教学方法使学生处于被动的接受地位，无法调动学生学习的积极性。学生听的时候似乎明白了，用的时候又倍感困惑。尤其是当几个语法现象共同出现的时候，学生往往就会不知所措。因此，面对复杂而繁多的语法条目，教师务必要注意教学手段的多样性，深化学生对语法条目的理解和记忆，使学生学会使用语法，而不是单纯地背诵语法规则。

2. 教材与大纲更新需及时

教材是课堂教学的依据。教材的更新对教学目标的实现、教学方法的选用都有很大的影响。随着社会的进步和发展，社会对高职毕业生的要求也日益提高，不及时更新语法教材显然不能满足学生充分交际的要求。它一方面束缚了教师，另一方面也限制了学生的实际应用能力。因此，作为教学依托和指导的传统语法教材应由交际语法教材取而代之。交际大纲的目的是使学习者能够运用语法发展交际能力。这些交际能力包括以下几个方面。

第一，语言。交际教学语法。

第二，功能。询问信息，发表意见，发出命令，等等。

第三，语境。掌握在任何语境下都能正确而自如地表达和沟通的能力。

第四，心理把握交际者之间的关系、社会地位、身份、性别、心理因素等。

第五，社会文化知识。国外有许多外语教材要求将传统语法大纲与功能意念大纲、情景大纲、结构大纲结合起来，使之与语法部分相关的练习共同建立在语境中。

3. 语法地位仍然重要

语法教学一度在我国英语教学中占据核心地位。一提到英语教学，人们自然而然地想到语法。有人认为，学生从小学就开始学语法，到高职阶段语法学习已基本完毕，无须重复。还有人认为，试卷中考查语法的题目较少，分值比重也很少，不值得花费太多的精力去学习。因此，语法教学又一度失宠。事实上，前面的两种观点都是失之偏颇的。

针对第一种观点而言，语法学习时间的长短和学习内容的多少、学习效果的好坏并无必然联系。学生学习时间长并不代表学到的就又多又好。即使学生接触到了所有的语法项目，也并不意味着他们能够理解所学语法项目的全部用法。中学阶段的很多语法项目有时并不适用于高职阶段遇到的一些语法现象。

例如：If it should fail to come, ask Marshall to work in his place.

本例看似眼熟，按照中学学过的语法知识，条件状语从句的使用要求是“从句用一般现在时，主句用一般将来时”，但学生若照此来解读上述句子就会无法理解。事实上，if条件句在本例中的用法是，不管主语的人称和数如何，从句动词一律采用“should + 不定式”的形式，而主句动词则可根据语义意图采用不同的形式。其中，“should”表示一种不太肯定的婉转口气，并不影响条件的真实性。

由上例可见，尽管很多语法项目看似学过，但往往包含了多种用法和意义。这些用法和意义学生显然无法在英语学习的初级阶段全部学到。学生如果不能深入、持久地学习和更新语法知识，就很难理解那些看似熟悉的语言现象。

针对第二种观点而言，这种观点本身就是错误的。尽管英语考试中直接考查语法的题目所占分值不高，但作为语言构成的基础，任何句子的构成、分析和理解都离不开语法。听、说、读、写、译，无论哪一部分，若没有扎实的语法基础，学生都可能听不懂、说不对、看不明白、写不出来、翻译错误，甚至翻译不出来。因此，英语测试对学生语法的考查其实贯穿于考试的始末。

4. 学生应提高语法运用能力

学生对语法的运用能力差，主要表现在语法知识的掌握和交际技能的运用之间存在落差。长期以来，传统的英语教学过分注重对学生语法知识的传授，即使到了高职阶段，英语教学也仍以传统的教学方法来进行，以“讲授语法知识—操练句式—句型及翻译练习”为主，通过反复模仿来巩固学生的英语基础知识。因此，学生最后虽然掌握了语法知识，语法规则背得头头是道，却并不具备语法运用能力，在实际运用中错误百出。

另外，还有些教师认为，课堂上的语言训练（如按课文内容进行回答或对话练习等）就是在培养学生的交际能力。事实上，这些口头和笔头语言练习并不等于培养交际能力。交际能力需要在真实的语境下发生，而不是已基本限定了答案的问答和对话练习。

※ 二、英语技能教学的现状

（一）听力教学的现状

1. 教学模式需系统化

听力教学的机械化表现为教学模式程式化，即少数教师采用“听录音—对答案—教师讲解”的模式开展听力教学。这种模式下的听力教学，不仅缺乏对学生的有效监督，还忽视了学生对语篇的整体理解，只是毫无目标地、机械地播放录音，一遍不行就放第二遍、第三遍，教师盲目地教，学生盲目地听，而且听的时候也不认真，听完就等着对答案、听讲解，并没有强烈的学习动力。

2. 听力时间需增加

听力水平的提高需要大量的练习做保障，但很多学生课下就将学习抛在脑后，很少主动练习听力，因此听力学习的时间主要集中在课堂上。然而，非英语专业的高职英语听力教学并未独立出来，而是和其他内容一起教授，一节课的时间有限，不可能全部用于听力，因此学生能够听的时间其实很少。而听作为一种综合性技能，它的提高并非一朝一夕能够实现的，这就使学生的听力水平难以提高。

3. 教材更新需及时

教材对教学活动的组织安排具有很大的指导作用。好的听力教材不仅可以提高学生的文化素质，还可以开阔学生的视野。

4. 学生听力基础薄弱，需加强听力

学生方面存在的问题主要是听力基础薄弱、畏惧听力。造成这一现状的原因主要有以下三点。

（1）英语基础功底差

很多学生即使到了高职阶段，所掌握的词汇量、语法仍然十分有限，对语音的识别能力还很欠缺。

（2）不良的听力习惯

有些学生喜欢逐字逐句地听，一旦听到不熟悉的单词就卡住了，影响了听后面的内容。还有些学生精力不集中，听着听着就走神了，听的效果也不好。

（3）缺乏必要的文化背景知识

听力材料中不可避免地会包含一定的文化信息，而学生对英语国家的历史文化、自然地理、风土人情、思维方式、行为习惯等不了解势必会影响听的效果。

以上这些问题都使听的效果大打折扣，久而久之，学生就会对听力产生畏惧心理。

（二）口语教学的现状

1. 口语表达能力有待提高

长期以来，我国的英语教学将大部分注意力都放在了语法和阅读教学上，这就导致教师对口语教学的关注不够，口语教学的方法也并未得到及时更新。“讲解—练习—运用”是我国高职英语口语教学的常用方法。这看起来并无不妥，但实际上却将学生置于被动的接受地位。学生在没有语境的情况下做大量机械的替换、造句等练习，根本无法有效地提高口头表达能力。

2. 课时需增加

和听力教学一样，口语教学也并未被独立出来进行专门教授，这就意味着口语教学的时间很难得到保证。然而，口语能力的提高通常需要花费大量的时间、进行大量的实践，而教学时间的不足直接制约了教学效果的提高。

以高校使用的英语教材《新编实用英语综合教程》为例，该教材主要包括五项内容：听、说、读、写、译。每个班级若按 45 人计算，加上学生参差不齐的英语水平，那么即使分配给口语课两个小时，每名学生接受的训练也十分有限。因此可以说，教学时间的不足是英语口语教学的硬伤，直接导致了学生的口语能力低下。

3. 配套教材需同步

有调查显示，适用于非英语专业的高职高专英语口语教材相对少见。大多数英语教材都将口语训练当作听力训练的延展而附在听力训练之后，且内容简短、缺乏系统性。这就很容易使教师和学生轻视口语的教与学。尽管市场上也有一小部分口语教材，但实用性不佳。这些教材要么是专门针对某一专业、领域的口语教材，难度太大；要么是有关简单的问候、介绍、谈论天气等日常用语的教材，过于简单。

4. 学生口语能力、心理承受能力有待提高

中国学生在学习英语口语时，难免受汉语的影响，会存在各种各样的问题。比如：有的学生发音不准，影响了语义的表达；有的学生带有地方口音，听起来十分可笑；有的学生不能正确使用语调、重音等，影响口语表达的标准性，甚至改变了说话人的本意。另外，由于缺乏练习，学生也很难将学到的词汇、语法用在口头表达中，因而造成无话可说或不知如何去说的尴尬局面。

英语教学的重点通常被放在阅读和写作上，而口语教学就被忽视掉了。这就导致学生缺乏口语练习，口语基础薄弱，即使日后意识到了口语的重要性，也总是心虚、不自信。虽然有些学生的口语能力不像他们想象的那么差，却仍然不愿意开口说英语。即使有一小部分学生愿意口头交流，也总是带有紧张不安的情绪，担心自己说错被批评、被耻笑。这些负面情绪对学生口语水平的提高影响极坏。

（三）阅读教学的现状

1. 教学观念需及时更新

阅读教学一向是高职英语教学的重点。尽管如此，高职英语阅读教学观念却存在以下两个误区。

（1）将阅读教学等同于词汇教学、语法教学

少数教师过分重视语言知识的传授，抓住一个单词、语法点大讲特讲，阅读教学呈现“讲解生词—逐句逐段分析—对答案”的定式，忽视了学生对语篇的理解、从语篇中获取信息能力的培养。造成这一问题的根本原因就是阅读教学观念没有得以及时更新。教师对阅读教学的目标认识不清，导致阅读教学成为语法教学、词汇教学，学生的阅读能力并未得到提高。

（2）将阅读速度等同于阅读能力

少数教师认为，阅读速度加快了就意味着阅读能力提高了，并据此开展教学活动。事实上，这一观点是错误的。有些学生虽阅读快，但理解不佳；有些学生阅读很慢，理解也不好。因此，阅读速度和阅读能力没有必然关系。阅读速度应根据阅读目的来确定，配合一定的阅读技巧来实现。例如，若只需掌握文章大意，就可采用浏览的方式来阅读，不必字字细读；若要掌握某个细节事实，就应先浏览，确定所需信息的位置，然后细读该部分。

2. 教学方法需及时更新

高职英语阅读教学方法的落后体现在，“教师布置阅读任务—学生阅读并做题—教师对答案、讲解”的教学模式已经成为定式，被一些教师不加考虑地一再沿用。这种教学方法的应试性比较高，因而显得十分死板，导致学生的阅读习惯、阅读技巧等均得不到培养，主体地位得不到突出，主观能动性得不到发挥，学习兴趣更得不到培养，阅读教学的效果可想而知。

3. 课程设置需合理化

少数学校、教师错误地认为阅读教学是英语教学的附属品，因而对阅读课程教学目标、教学计划的设计不甚在意。阅读教学的课时、课程设计、师资力量及教学组织得不到保证，直接影响了阅读教学的效果。

另外，少数高职院校只在大一给精读安排很多课时，而泛读则几乎没有。这种重精读、轻泛读的现象，加剧了教师和学生对阅读的误解（即学习词汇、语法知识），而由泛读培养起来的阅读技巧则得不到任何发展，这显然使阅读教学误入了歧途。

（四）写作教学的现状

1. 重模仿，轻创作

英语写作教学中最显著的问题就是重模仿、轻创作。尽管模仿是写作教学的起始状态，也是学习写作的必经阶段，对英语写作具有很好的促进作用，但模仿却并非写作的最终状态。模仿虽然能够提高学生写作学习的效率，但过度的模仿并不利于学生写作能力的培养。写作是一种创造过程，从构思、行文到修改，无不体现着作者独特的个性、渗透着作者的思想。因此，写作的意义和价值是由作者创造出来的，盲目地模仿不仅会使作文千篇一律、丧失个性，同时也会阻碍学生创造力的发挥，影响学生对写作学习的兴趣与热情。

2. 配套教材需同步

从市场上现存的高职英语教材来看，大部分都是集语音、词汇、语法、听、说、读、写、

译于一体的综合性教材，虽然几乎每个单元都会涉及写作的练习，但每个单元的写作练习均缺乏教师的系统指导。学生多是根据教师布置的作文题目盲目地写，应付了事。

3. 作文批改需全面

作文批改是高职英语写作教学的一个重要却很容易被忽视的环节。少数教师在批改作文时，将重点放在纠正拼写、词汇及语法等方面，而忽略了对学生作文结构、行文思路、逻辑关系等方面的批改。这就使学生过分追求写作时的语言正误而忽视了对文章结构、逻辑层次的把握。

另外，有的教师在最后的批语中一味指责学生写作中的错误，缺少鼓励，很容易降低学生写作的主动性，导致他们消极应付，望而生畏，对自己写作中出现的错误不能很好地改正。

4. 学生的语言质量不过关

从词法、句法上看，学生写作时最常出现的问题就是语法错误多（如用词有误、搭配错误和拼写错误等），用词、用句不规范（如缺主语、人称不一致、主谓不一致、时态不一致、悬垂句、中国式英语等）。下面笔者结合实例进行介绍。

（1）语言方面的错误

①人称、数的错误

错误：We went to our cabin for a quiet weekend, but it was anything but quiet. The moment we got there, we found that someone had ransacked our cabin. I didn’t know what to do because my cabin is miles from anywhere, and you don’t have a phone in the cabin.

应改为：We went to our cabin for a quiet weekend, but it was anything but quiet. The moment we got there, we found that someone had ransacked our cabin. We didn’t know what to do because our cabin is miles from anywhere, and we don’t have a phone in the cabin.

错误：People look for satisfaction in his life. They want to be happy. But if he seeks only pleasure in the short run, the person will soon run out of pleasure and life will catch up to him. They need to pursue the deeper pleasure of satisfaction in work and in relationships.

应改为：People look for satisfaction in their life. They want to be happy. But if they seek only pleasure in the short run, people will soon run out of pleasure and life will catch up to them. They need to pursue the deeper pleasure of satisfaction in work and in relationships.

②相近词（包括词义、词形相近）使用错误、词性错误

错误：She is anger.

应改为：She is angry.

错误：My mother is kindly.

应改为：My mother is kind.

错误：I had a happiness time.

应改为：I had a happy time.

错误：My family life is hardly.

应改为：My family life is hard.

错误：All of my family is very happing.

应改为：All of my family is very happy.

错误：I fell grateful of my mother.

应改为：I feel grateful to my mother.

（2）句子的时态、语态运用不当

英语中的时态和语态会改变词语的形式，而汉语不会。因此，学生在英语写作中，经常会出现时态和语态错误。

错误：We are lived a quiet life.

应改为：We are living a quiet life.

错误：If not I must go to university. I may leave my family never.

应改为：If I did not go to university, I would never leave my home.

错误：If without them, I will be not so happily and healthy.

应改为：Without them, I would not be so happy and healthy.

错误：My parents worked in the fields and we are very happy.

应改为：My parents worked in the fields and we were very happy.

（3）中国式英语

“中式英语”是英语写作中普遍存在的现象。由于受母语词汇的构成和词的含义的影响，学生在找不到合适词的情况下，常常会自己生造词汇，如用“hand heart”来表达“手心”，用“air girl”或“sky girl”来表达“空姐”等。

错误：He put all of hope on me.

应改为：He places all his hopes on me.

错误：In spite of we never always in together, we get on well with each other.

应改为：Though we seldom get together, we get on well with each other.

有时，语言表达的问题会直接影响作文的可读性，严重者可能会使读者不明白作者想要表达什么。

例如：I am fond of listening to music, specially popular music such as Yesterday Once More. I studied the song in the middle school. I always enjoy it. Of course, music not only is melody pleasant. And also I found music treats people important role. For example...

这段话明显地反映了学生表达的汉语思维，读起来十分别扭，不知所云。

（五）翻译教学的现状

1. 教学方法需系统化

由于高职学生入学时的英语水平差异较大，按照《高职高专教育英语课程教学基本要求》，高职英语的教学要求被分为 A、B 两级，实行分级指导，A 级是标准要求，B 级则是过渡要求。入学水平较高的学生应达到 A 级要求，而入学水平较低的学生至少应达到 B 级要求。入学后随着英语水平的不断提高，学生均应达到 A 级要求。A、B 两级在词汇和翻译要求方面均有差异。针对翻译方面而言，A 级的要求是：能借助词典将中等难度的一般题材的文字材料和对外交往中的一般业务文字材料译成汉语；理解正确，译文达意，格式恰当；在翻译生词不超过总词数 5% 的实用文字材料时，笔译速度每小时 250 个英语词。B 级的要求则是：能借助词典将中等偏下难度的一般题材的文字材料译成汉语；理解正确，译文达意。

目前高职英语的翻译教学通常采用"布置翻译任务—学生翻译—教师批改译文—挑出错误—讲评练习"的教学方法。这种教学方法不但费时、费力，而且效果不好。在此过程中，学生真正参与的活动只有翻译，其他环节均是教师占主导地位，自始至终，学生都处于被动接受的位置。这种灌输式的教学方式没有留给学生自主思考和合作探究的时间，不利于学生良好学习习惯的培养，因而无法达到良好的教学效果。

2. 重视程度需加强

相对于听、说、读、写而言，高职英语教学对翻译的关注程度相对较低。这主要体现在以下几个方面。

第一，在翻译教学中，教师大多不关注翻译基本理论、翻译技巧的传授，而仅仅是将翻译作为理解和巩固语言知识的手段，将翻译课上成另一种形式的语法、词汇课。

第二，针对时间而言，教师花在翻译教学上的时间很少，通常是有时间就讲，没有时间就不讲，或只当家庭作业布置下去，由学生自己学习。

第三，在学生做完翻译练习后，教师大多将参考译文呈现出来了事，最多再讲解一下其中用到的句型、关键词，缺乏对学生翻译技巧的传授和翻译能力的培养。

第四，英语教学大纲中对翻译能力培养的要求不具体。

第五，英语考试中虽然包含翻译试题，但其所占的比重远远不如阅读、写作等。

3. 学生翻译学习中问题颇多

学生在翻译学习中的问题主要包括心态不正、使用方言和口语词汇、逐字逐句翻译、语序处理不当、翻译死板、长句处理不当等。

（1）心态不正

心态是影响学生翻译学习效果的最大因素。有的学生对待翻译学习积极认真，主动思索、研究，发现自己的不足后能够积极改正；而有的学生在翻译练习时总是偷懒，直接看答案，或大致翻译后便对答案，不多思考、推敲，改正错误时也是敷衍了事；还有的学生一遇到困难就退缩，既不动脑思考，也不寻求帮助。显然，后两种学生对待翻译学习的心态不正确，他们的翻译能力也始终无法得到提升。

（2）使用方言和口语词汇

从学生的翻译练习中可以看出，方言、口语词汇的使用十分频繁，而这些词汇的出现大大影响了译文的质量。

例如：The junior clerk in particular lived in terror of his boss, who had borne down on him so hard that there was little left.

译文 1：这个小职员对老板怕得要死，老板整他整得真惨，简直把他整瘪了。

译文 2：这个小职员对老板怕得要死，因为老板整得他已无力应对了。

本例译文 1 中的"整得真惨"在书面语中出现显得不太合适，而且"瘪"字的使用也大大降低了译文的可读性。

（3）逐字逐句翻译

很多学生（尤其是翻译初学者）翻译时喜欢按照原文的字面意思逐字逐句地翻译，即将原文的每个单词都翻译出来，导致译文的可读性差。

例如：Her dark hair waved untidily across her forehead. Her face was short, her upper lip short, showing a glint of teeth. Her brows were straight and dark, her lashes long and dark, and her nose straight.

译文 1：她的黑发散乱地飘拂在她的宽阔的前额上，她的脸是短短的。她的上唇也是短短的，露出一排闪亮的牙齿，她的眉毛又直又黑，她的睫毛又长又黑，她的鼻子笔直。

译文 2：她的黑发散乱地飘拂在宽阔的前额上，脸是短短的。上唇也是短短的，露出一排闪亮的牙齿，眉毛又直又黑，睫毛又长又黑，鼻子笔直。

本例译文 1 将原文中所有的单词都逐一翻译了出来，显得译文冗长、啰嗦，读起来不胜其烦，而译文 2 则适当省略"her"的翻译，从而使译文更符合汉语的表达习惯，读起来更加顺畅自然。

又如：In autumn the leaves fell from the trees and the grasses became yellow.

译文 1：秋天到了，叶子从树上掉下来了，草也变黄了。

译文 2：秋天到了，叶落草枯。

本例译文 1 虽然看似符合原文含义，表达也无明显问题，但相对于译文 2 而言，明显过于啰嗦，因而应在保留原文全部含义的同时精简表述。

（4）语序处理不当

有些学生由于翻译技巧掌握得不够或由于自身的语法缺陷而使译文拘泥于原文词序，致使译文牵强、别扭，甚至存在逻辑问题。

例如：And I take heart from the fact that the enemy which boasts that it can occupy the strategic point in a couple of hours has not yet been able to take the outlying regions because of the stiff resistance that gets in the way.

译文 1：我从这个事实中增强了信心：敌人吹嘘能在几小时之内占领战略要地，但到现在甚至还没有占领外围地带，因为受到了顽强的抵抗。

译文 2：敌人吹嘘能在几小时之内占领战略要地，但由于受到顽强抵抗，到现在甚至还没有占领外围地带。这一事实使我增强了信心。

本例译文 1 按照原文的表达顺序进行翻译，致使译文读起来极为别扭；译文 2 则根据原文的逻辑关系和汉语的表达习惯对译文做出了调整，从而使译文读起来更加清晰、明了。

又如：The doctor is not avail able because he is handling an emergency.

译文 1：医生现在没空，因为他在处理急诊。

译文 2：医生在处理急诊，现在没空。

汉语中习惯先说原因，再说结果。而译文 1 按照原文顺序先说结果，再说原因，读来不顺，与译文 2 相比，译文质量较低。

（5）翻译死板

很多时候，学生对某类词语、句子的翻译形成了一种定式，如一看到形容词、副词就翻译成“……的 / 地”，一看到被动语态就翻译成“……被……”，这就使得译文生硬、死板，可读性差。

例如：The decision to attack was not taken lightly.

译文 1：进攻的决定不是轻易地做出的。

译文 2：进攻的决定经过了深思熟虑。

本例译文 1 将“lightly”翻译成“轻易地”虽然不错，但大大降低了译文的可读性；译文 2 变通了表达方式，使译文更简洁，读起来也更顺口。

（6）长句处理不当

长句翻译是一个难点。学生很容易因把握不好逻辑关系而使译文读起来拗口，甚至产生误译。

例如：Since hearing her predicament, I’ve always arranged to meet people where they or I can be reached in case of delay.

译文 1：听了她的尴尬经历之后，我就总是安排能够联系上的地方与别人会见，以防耽搁的发生。

译文 2：听她说了那次尴尬的经历之后，每每与人约见，我总要安排在彼此能够互相联系得上的地方，以免误约。

本例译文 1 的问题就是修饰语过长，读起来令人不明所以，十分混乱；译文 2 利用分译法将句子的含义用最符合汉语表达习惯的方式呈现出来，可读性很强。

第三节　高职英语教学的发展

※ 一、高职英语教学的改革方向

改革开放以来，我国高职英语教学走过了 40 多年的发展历程，取得了丰硕的教学成果。随着教育教学的不断发展，外语教学理念从以教师为中心转向以学生为中心，“一刀切”

的教学管理向个性化教学转变。多媒体和网络技术的发展更是为高职英语教学创造了更好的发展条件。

2007 年，教育部高等教育司制定了《大学英语课程教学要求》(以下简称《课程要求》)，作为各高等学校组织非英语专业本科生英语学习的主要依据，而对高职高专英语教学起指导作用的则是《高职高专教育英语课程教学基本要求》。我国目前的高职英语教学理念是“重功能、重交际、重技能的全面发展，以学生为中心、以任务为基础的主题教学，充分利用高科技手段，实现个性化教学等”。根据这一理念，高职高专英语教学改革应朝以下几个方向进行。

（一）不同院校、学生的目标可以不同

不同的学校，其师资力量、教学资源等都有所不同。因此，不同高校的教学目标也可有所不同，既允许顶尖院校有更高的教学目标，也允许后进的院校只达到基本要求。另外，即使是同一所学校的学生，他们的英语水平也可能相差较大，因此学校应根据不同学生的实际水平、兴趣爱好等开展分级教学。要求实力不同的院校、起点不同的学生实现相同的目标显然是不合理的，也是不太可能实现的。

（二）教学目标转向“听、说为主”

重阅读是我国大学英语，甚至是各阶段英语教学的重要特点。这一点在历届大学英语教学大纲和教学目标中都有直观的体现：1962 年，我国第一份大学英语教学大纲就将阅读当作唯一的教学目标；到了 1999 年，尽管教学目标中增加了“用英语交流信息”的字眼，但并未明确提出培养学生的语言交际能力，而阅读仍然是大学英语教学大纲中的第一层教学目标。

2007 年，《课程要求》指出，“大学英语的教学目的是培养学生英语综合应用能力，特别是听说能力，使他们在今后工作和社会交往中能用英语有效地进行口头和书面的信息交流，同时增强其自主学习能力、提高综合文化素养，以适应我国经济发展和国际交流的需要”。至此，《课程要求》才清楚地明确了大学英语教学培养学生语言交际能力的目标，即在强调听、说、读、写各种能力协调发展的同时，还要将听、说能力的培养放在教学的重要位置。这是我国大学英语教学的一个重大突破。

（三）教育理念转向“以学生为中心”

过去的高职英语教学十分注重语言的结构，认为语法是英语教学中最重要的内容，学生只要学会了语法规则，就学会了语言，获得了使用语言的能力。在此基础上，高职英语教学存在“以教师为中心”的教学现象。

然而，随着语言教学理论的发展及交际教学法的兴起，人们越来越多地意识到，学习是学生的活动，作为内因的学生本人才是影响学习效果的根本原因。因此，语言教育者提出了“以学生为中心”的教学理念，旨在提高学生学习的主动性、积极性，从而提高教与学的效果。

“以学生为中心”起源于美国教育学家杜威（J.Dewey）的“以学生为中心”的教育理念。杜威认为，教师并非教学的中心，教学中也不应采用“填鸭式”“灌输式”的教学方式，而应“以学生为中心”开展和组织教学，充分发挥他们的主观能动性。在此基础上，人本主义代表人物罗杰斯提出了“以学生为中心”的教育理念。他认为，学生天生就有学习的潜力，若所学内容与学生自身的需求相关，学生就会积极参与学习，如此就可提高学习效果。在此观点的影响下，教师逐渐意识到自己不应是居高临下的指挥者和知识的灌输者，而应是学生学习的参与者、组织者、合作者、指导者和推动者。而如何实现“以学生为中心”的教学理念，避免“一言堂”现象的产生并保证良好的教学效果是需要继续探索的实际问题。

需要指出的是，“以学生为中心”并不意味着教师就要“袖手旁观”，也不意味着教师的任务会变轻。事实上，按照“以学生为中心”的教学理念来开展课堂教学时，教师不仅要参与到教学活动中，还要与学生合作，才能完成整个教学任务。在此期间，教师还要给学生一定的帮助和指导，最后还要对学习活动的开展情况和学习效果做出评估，以促进教学活动的顺利开展，并达到预期效果。由此可见，在“以学生为中心”的教学理念下，教师扮演着“学生顾问”的角色：既要掌握学生的实际需求，又要帮助学生做好学习准备，顺利完成课堂活动。因此，与传统的“以教师为中心”相比，教师的工作不但没有减少、减轻，反而增多、增重了。

（四）教学模式转向“以内容为依托”

在全球化进程不断加快的今天，各行各业对既有专业知识又熟悉相关领域英语的复合型人才的需求量越来越大，这就对专门用途英语的教学提出了更多、更高的要求。

复合型英语人才大致可分为“专业＋英语”人才和“英语＋专业”人才两类。其中，前者是以英语为工具，从事专业工作。学习期间，学生可以根据自身需要选择两门或多门学科的课程，如经贸＋英语、物理＋英语、机械＋英语等。而后者则主要从事某些领域的口译、笔译工作。在英语教学中，这两类人才的培养都是以英语基础和多学科知识的交融为出发点，力求培养出对本专业知识融会贯通的综合型人才。

在此标准下，各专业学生不仅要具备一般的英语听、说、读、写能力，更要能利用英语来获取专业知识和信息，甚至要能利用英语参与国际学术交流。然而，纵观我国目前的高职英语教学可以发现，以讲解语言点为主的“记忆型教学”仍然占据主要地位，教学中的应试意图明显。这样的教学模式对提高学生的学习动机、营造轻松愉快的课堂气氛而言都是十分不利的。显然，这样的教学模式很难取得良好的教学效果，学生也无法运用英语解决实际工作中遇到的问题。由此可见，传统的高职英语教学模式已无法满足社会发展的需要，从某种程度上甚至制约了学生的发展。对此，教师可以从以下两个方面来解决这一问题。

1. 实施“以内容为依托”的教学模式

高职英语教学模式应向“以内容为依托”的方向发展。“以内容为依托”强调将语言教学融入学科内容的教学之中，强调结合专业进行语言教学。这种教学模式的优点在于将语言教学和专业知识教学结合起来。学生在获得专业知识愿望的驱动下认真学习英语，有助于提高他们的英语综合运用能力。

在“以内容为依托”的英语教学（Content-Based Instruction，CBI）中，教学活动并不按照语言教学大纲而开展，而是围绕学生所要学习的内容而展开，即将英语教学建立在某个专业教学基础之上，使语言学习与专业知识学习结合起来，从而促进这两方面的全面提高。

“以内容为依托”的教学理念自 20 世纪 60 年代在加拿大产生以来，逐渐得到了语言教育界的广泛关注。CBI 教学也在世界各地开展起来，并取得了良好的效果。例如，在加拿大一所实施 CBI 教学的学校中，接受 CBI 教学模式的学生一个学期后的成绩与用母语上同一门课的成绩一样好，且二语水平得到了极大的提高。

需要指出的是，“以内容为依托”的英语教学还必须根据实际情况把握好教学的侧重点。戴维逊和威廉（Davison & Williams，2001）曾指出，课程目标、教学方法、课程设置、教材、师资力量和学生构成等方面的不同对语言和内容结合的程度有着很大的影响。根据对语言和专业内容的重视程度不同，“以内容为依托”的英语教学可以分为两类：偏重专业知识的强式（Strong Form）、偏重语言知识的弱式（Weak Form）。

根据教学目标、教学环境、教学对象、教学层次等方面的不同，教师可以灵活选择 CBI 的具体模式，如主题模式、课程模式、辅助模式及沉浸模式。

（1）主题模式

主题模式的教学重点是语言，而主题则是课文组织的线索。该教学模式对教师专业知识要求不高。语言教师可独立完成教学任务，但必须根据学生的实际需求来确定主题。此模式开展起来相对简单。

（2）课程模式

课程模式的教学重点是专业知识，因而通常由专业教师授课，但对专业教师有一定的要求：教师既要有相当的专业知识，又要懂一定的英语，同时还要了解学生的英语水平和语言习得的规律。显然，该模式对学生的英语水平要求也较高：学生要能够听懂教师用英语教授的内容。

（3）辅助模式

在辅助模式下，英语教学与专业知识教学被结合在一起。这是一种较为复杂的教学模式，通常需要英语教师和专业教师合力完成教学任务。其中，专业教师传授专业知识，而英语教师则结合专业内容来传授语言知识和技能。

（4）沉浸模式

在沉浸模式下，教师要直接用英语来教授专业知识，学生也要在学习专业知识的同时提高英语的综合运用能力。显然，这种教学模式对教师和学生的英语水平都有着极高的要求。

由上述介绍可以看出,“以内容为依托”的高职英语教学是对传统教学模式的重大突破,它使英语教学从单纯的语言教学转向与具体专业相结合的模式,以专业促语言,培养学生具有更强的社会和学术适应能力,成为复合型人才。然而,我国的CBI教学尚处于摸索阶段,而且这种教学模式在实施过程中还可能出现师资、学生水平、教材、配套制度和措施、语言环境等问题,所以还需要众多学者、教育工作者的努力,合理运用这一教学模式,充分发挥其教学优势,不断地研究、实践,力求尽快摸索出一条可行之路。

2. 培养复合型人才须全面规划

复合型英语人才的培养不仅仅是外语系的事情,更是各个系、学院的事情,需要每所高校根据自己的实际情况因地制宜地进行全面规划。若想当然地开设一些英语教师难以胜任的专业课程,不仅教师力不从心,学生也会既学不好专业知识,也学不好英语。毕竟复合型人才的培养是一个复杂而系统的工程,不是一朝一夕、增设一两门课就可以取得明显效果的,必须要有良好的学习环境和氛围。因此,开展以学生为主体的第二课堂教学活动是十分必要的。

(五)开展多媒体网络教学

《课程要求》(2007)首次确定了计算机网络在外语教学中的重要地位。这不仅使计算机网络在高职英语教学中受到了重视,还引发了全国规模的高职英语教学改革。以计算机网络为核心的现代信息技术的引进,使外语教学目标、方法、手段、观念、教材、作用、环境、评估等各个方面都发生了巨大变化。与传统教学相比,计算机多媒体教学有着众多优势:计算机软件可以为学生提供地道的发音,可以生动形象地将知识内容呈现给学生,图文并茂,很容易引起学生学习的兴趣;同时也使外语教学突破时空限制,让学生在任何时间、任何地点都能学习英语,这也极大地增加了学生学习英语的时间。

(六)评估方法多元化

评估是英语教学的一个重要方面,教学目标是否实现要依靠教学评估来检验。而交际型的、以学生为中心的教学模式和培养综合应用能力的目标,要求其评估体系也应该是能够考查学生语言运用能力的交际型评估。这也引发了教学评估方式的转变:测试中的客观题减少,主观题增加;终结性评估不再“独霸天下”,形成性评估受到越来越多的重视。

随着人们教学评估改革意识的增强,出现了很多可以在计算机网络上实现的、新型的语言测试。这些测试大多具有开放性、形成性和多维性的特点。例如:允许学生多次考试,让他们看到自己的进步和成功;尊重每名学生的学习速度、学习阶段和自我感受,让他们为完成学习任务而学习,而不是单纯为了应付考试。

※ 二、大学英语四、六级考试的改革

大学英语四、六级考试自1987年实施以来,至今已有30多年的历史,成为世界上规模最大的考试之一。在这30多年里,大学英语四、六级考试对提高我国大学英语教学质量、

推动我国大学生的英语水平的提高起到了重要的作用。在我国的部分高职高专院校，一般只组织 A、B 级的考试，而不组织四、六级考试，但是国家并不限制高职高专学生参加四、六级考试。只要达到相关要求（如修完大学英语四级的同等课程等），高职高专学生是可以报考英语四、六级的。所以本书也对大学英语四、六级改革做了阐述。

1987 年 9 月举办的第一次大学英语四级考试和 1989 年 1 月举办的第一次大学英语六级考试使大学英语教学得到了全国各高校及社会的重视。大学英语课程也成为高等教育的一项重要内容。大学英语四、六级证书不仅关系到学生是否能够顺利毕业，还关系到学生是否能够找到满意的工作。然而，大学英语四、六级考试在取得成绩的同时，也暴露出一些问题。比如，学生考试时间分配不合理，很多学生将大部分时间花费在前面的语言知识上，写作文的时间就少得可怜，也有些学生因为来不及写作而干脆放弃。这就使学生的写作能力难以得到提高。

为解决这一问题，考试委员会改变了试卷的发放形式。自 1990 年起，大学英语四、六级考试的试卷被分成两个部分来发放：客观题部分为试卷一，作文部分为试卷二。这两部分均有一定的时间限制。试卷一的答题时间结束后就收掉试卷一，以此保证学生有足够的时间来写作。但由于作文只占总分的 15%，也很容易使教师和学生轻视写作。

为了引导师生更多地重视写作，自 1991 年开始，大学英语考试设立了作文最低分限制，即作文分数低于一定的分数，即使总分达到 60 分也不给及格，同时公布了成绩计算公式：作文 0 分者，总分即使高于 60 分也一律为不及格；作文分大于 0 小于 6 分者，计算公式如下：最后分数 = 原总分 −6 分 + 实得作文分。此法出台以后，作文就引起了全国各高校的普遍重视，而全国作文平均分也从 4 分提高到了 8 分。

为省时、省力，大学英语四、六级考试多使用选择题的方式来考查学生。但对语言测试来说，选择题无法真实地反映学生的语言综合运用能力。因此，大学英语四、六级考试委员会在题型比例上进行了调整：从 1996 年 1 月起，增加英译汉翻译题、简答题；听力理解中增加了复合式听写题。这就大大减少了学生“蒙”的成分。

然而，仅仅增加简答、翻译等题型，对学生语言运用能力的考查仍十分有限，对学生说的能力的考查仍是一片空白。为使众高校师生重视英语口语教学，进一步推动我国大学英语教学的发展，大学英语四、六级考试委员会决定从 1999 年开始实施大学英语四、六级口语考试。口语考试的条件是：四级成绩在 80 分以上、六级成绩在 75 分以上的在校大学生可以参与口语考试。考试结果被划分为 A、B、C、D 四个等级，而只有 A、B、C 三个等级的成绩才有证书，而成绩低于 C 级者不发给证书。口语考试制度的设立促使广大师生将注意力从传统的词汇、语法教学中分离出来，更多地关注英语口语能力，乃至英语综合运用能力的提高。可以说，口语考试的出现，标志着大学英语四、六级考试进入一个相对完善的阶段。

随着考试次数的增多，大学英语四、六级考试中的弊端也越来越多地显现出来。为适应我国高等教育发展的新形势、满足社会需求，2005 年 2 月，教育部宣布了大学英语四、六级考试改革的试行方案。“自 2005 年 6 月起，四、六级考试成绩将采用满分为 710 分的计分体制，不设及格线；成绩报告方式由考试合格证书改为成绩报告单，即考后向每位考生发放成绩报告单，报告内容包括：总分、单项分等。为使学校理解考试分数的含义并根据各校的实际情况合理使用考试测量的结果，四、六级考试委员会将向学校提供四、六级考试分数的解释。”

针对考试内容和形式而言，将增加听力理解的题量，增加快速阅读理解测试及一些非选择性试题的比例。大体来说，大学英语四、六级考试包括六个部分：作文、快速阅读、听力、仔细阅读、完形填空和翻译。写作分值比例为 15%，体裁包括应用文、说明文、议论文等。快速阅读分值比例为 10%，主要测试各种快速阅读的技能。听力理解分值比例为 35%，其中，听力对话占 15%，包括短对话和长对话；听力短文占 20%，包括短文听写和短文理解。所有听力题材均选用对话、讲座、广播电视节目等真实性材料。仔细阅读分值比例为 25%，主要用于测试篇章阅读理解及对篇章中词汇的理解。综合测试分值比例为 15%，包括完形填空和翻译两个部分，其中，完形填空分值比例为 10%，翻译的分值比例为 5%。以上各部分中，写作和快速阅读写在答题卡 1 上，其余各部分均写在答题卡 2 上。

从目前的改革进程来说，大学英语四、六级考试仍将实行口试和笔试分开测试的方式。另外，随着计算机网络技术的发展和普及，考试委员会也将积极研究和开发计算机口语测试，进一步扩大口语测试的规模，推动大学英语口语教学的发展。

第四节　高职英语教学法

※　一、情境教学法

（一）情境教学法概述

情境教学法形成于 20 世纪 70 年代，此后逐渐发展成为一种语言教学中的基本思想和教学方向。情境教学法是指在教学过程中，教师有目的地引入或创设具有一定情绪色彩的、以形象为主体的、生动具体的场景，以引起学生一定的态度，从而帮助学生理解教材，并使学生心理机能得到发展的教学方法。情境教学法的语言理论基础主要是建构主义理论。情境教学法与建构主义理论观点有着紧密而不可分割的联系，因此，下面教师主要介绍建构主义理论的相关内容。

1. 建构主义理论的代表人物

建构主义是认知心理学派的一个重要分支，随着心理学的不断发展及心理学家对人类学习过程中认知规律研究的不断深入，到 20 世纪后期，建构主义学习理论在西方逐渐流行起来。建构主义理论的重要先驱有两位：瑞士学者皮亚杰（J.Piaget）与苏联心理学家维果茨基（Lev Vygotsky）。

皮亚杰是一位心理学家，也是认知发展领域最有影响力的一位学者。他通过长时间对学生认知发展的观察和研究，创立了关于学生认知发展的学派。皮亚杰认为，对新知识的掌握是一种智力活动，而每一种智力活动都含有一定的认识结构。对智力行为来说，外界的刺激与主体的反应二者之间的关系应当是双向的。基于此，皮亚杰的建构主义认为，学生是在与周围环境相互作用的过程中，逐步建构起关于外部世界的知识，从而使自身认知结构得到发展的。皮亚杰用同化和顺应这两个概念来解释学生与环境的相互作用，也就是主体认知结构与环境刺激之间的关系。同化是指主体把外界的刺激整合到自己原有的认知结构之内的过程。一定的外界刺激只有被相关主体同化于他的认知结构内，他才能对之做出反应。顺应或称顺化，是指主体的认知结构因受到被同化刺激的影响而发生变化的过程。一切认识都离不开认知结构的同化和顺应作用。同化是认知结构数量的扩充，而顺应则是认知结构性质的改变。

皮亚杰提出了 S→（AT）→R 公式，来说明一定的外界刺激（S）被个体同化（A）于其认识结构（T）中，个体才能对刺激（S）做出反应（R）。认知主体正是通过同化与顺应这两个基本过程来达到与周围环境的平衡：当学生能用现有图式去同化新信息时，他处于一种平衡的认知状态；而当现有图式不能同化新信息时，平衡即被破坏。修改或创造新图式（顺应）的过程就是寻找新的平衡的过程。学生的认知结构就是通过同化与顺应过程逐步建构起来的，并在“平衡—不平衡—新的平衡”的循环中不断丰富、提高和发展。皮亚杰的同化、顺应和平衡等核心概念，被后来的建构主义学习理论继承与发展。

维果茨基是“文化—历史”理论的创始人。他强调认知过程中学习者所处社会文化历史背景的作用。在维果茨基的社会建构主义理论中，“最近发展区”是最有影响力的概念和理论之一。“最近发展区”可用来解释社会互动的过程如何帮助学生内化高级心智功能。维果茨基认为，个体的学习是在一定的历史、社会文化背景下进行的，社会可以为个体的学习发展起到重要的支持和促进作用。在教学语境下，“最近发展区”实质上涉及的是教学与学生发展之间的关系。维果茨基认为，教学必须要考虑学生已达到的水平，并要走在学生发展的前面。为此，就要确定学生的发展水平。维果茨基认为，学生的发展有两种水平：一种是学生现有的发展水平，即现实的发展水平；另一种是学生在有指导的情况下借助他人的帮助可以达到的解决问题的水平，或是借助于他人的启发帮助可以达到的较高水平，即潜在的发展水平。现实的发展水平与潜在的发展水平之间的区域就是“最近发展区”。在此基础上，以维果茨基为首的维列鲁学派深入研究了“活动”和“社会交往”在人的高级心理机能发展中的重要作用。这些研究使得建构主义理论得到进一步丰富和完善，为实际应用于教学过程创造了条件。同时，维果茨基还强调社会文化、对话等因素在学习中的重要作用。总之，维果茨基的思想对正确理解教育与发展之间的关系具有重要意义。

通过以上对皮亚杰和维果茨基思想的介绍可以看出，皮亚杰特别强调学习主体的创造性，而维果茨基则更关心社会文化的创造，即知识工具的传递。也就是说皮亚杰更强调个人建构，而维果茨基更重视社会建构。尽管如此，在基本方向上，皮亚杰和维果茨基都是建构主义者，他们的思想都对后来的建构主义学习理论产生了重要影响，并开启了建构主义的两大倾向：个人建构主义与社会建构主义。

此外，建构主义还引入了其他一些学习理论的思想。例如，美国著名学者斯金纳（B.F.Skinner）继承和发展了行为主义思想。他提出了行为主义关于言语行为系统的看法，认为人们的言语及言语的每一部分都是由于某种刺激的存在而产生的。换言之，斯金纳的学习理论非常重视直接经验在学习过程中的作用。而建构主义也认为直接经验在学习中起着重要的作用，并进一步强调真实情境在学习过程中的重要作用。此外，建构主义理论还引入了人本主义学习理论的一些思想。

2. 建构主义理论的基本观点

建构主义理论的基本观点主要涉及以下几个方面。

（1）知识是相对的

建构主义理论认为，知识是相对的而非绝对的。知识在各种情境下的运用并不是简单地套用，因为具体情境总有其特殊性，因此教学过程并不是简单的、教条式的背诵和记忆，而需要把握它在具体情境中的差异变化。从这个角度来说，教学并不是知识的传递，而是知识的处理和转换。教师不能作为知识权威的象征强迫学生对知识的接受，而应重视学生自己对各种现象的理解、倾听他们的想法、思考他们这些想法的由来，并以此为据，引导学生丰富或调整自己的解释。

（2）学生是学习的主体

建构主义理论认为，学生是学习过程中积极、自主地构建意义的主体。但学生本身并不是一张白纸，他们在以往的学习和生活中已经形成了一定经验和认知结构图式，而这些原有认知结构图式和观点对他们建构新知识具有特别重要的作用。由于学生以往的经验及对经验的信念不同，他们对外部世界的理解也是完全不同的。这种由于经验背景的差异而造成的对问题的看法和理解的差异是不可避免的，但这并不是一件坏事。在学生之间的共同体中，这些差异恰恰构成了一种宝贵的学习资源。学生以自己的方式建构对事物的理解，导致不同个体看到的是不一样的事物，而学生通过协作和对话来共享不同个体的思维成果，可以达到对知识较为全面和丰富的理解。在这个过程中，建构主义非常重视外部引导，即教师的影响作用。建构主义理论认为，在教学过程中，教师应该成为学生构建意义的帮助者和引导者，尽可能地激发学生的学习兴趣，帮助他们形成良好的学习动机。在此基础上，教师应该设计适合的教学情境、加强新旧知识的联系，帮助学生建构起所学知识的意义框架。

（3）学习过程中有四个主要要素

建构主义学习理论十分强调情境、协作、对话和意义建构四个主要因素在学习过程中的作用。“情境”在语言学习环境中实际上就是指教师为学生创造的较为真实的语言交际活动环境和相应的交流活动，对情境的重视主要是受到了杜威和布鲁纳等人思想的影响。

"协作"是指学生之间通过语言进行的相互合作，包括对学习资料的贡献、学习成果的评价、最终意义的建立等。在协作过程中，"对话"或称"会话"是其中一个重要环节，学生之间通过会话商讨的方式完成规定的学习任务。可见，协作过程本身就是一个会话和讨论的过程。"意义建构"是语言学习所要实现的最终目标，它主要是指事物的性质、规律，以及事物之间内在的、本质的联系。

（4）教师在教学过程中起主导作用

学习的主体性主要强调学生的主动学习，要求学生在复杂的真实情境中完成任务。与此同时，建构主义还强调教师要在学生建构知识过程中提供一定的帮助和支持，以使学生的理解进一步深入。首先，教师必须转变自身的角色，从传统的知识传递的权威角色转变为学生学习的辅导者甚至是高级合作者。例如，学生的学习需要采取一种新的认知加工策略，形成自己是知识的建构者的心理模式。对此，教师必须提供学生元认知工具和心理测量工具，从而培养学生批判的认知加工策略，以及自己建构知识和理解的心理模式。其次，教师应该给学生提供真实世界的、复杂的真实问题，同时必须意识到这些复杂的、真实的问题可能有多种答案，因此应该鼓励学生提出解决问题的多种观点。最后，教师应该认识到，教学的目标不仅仅包括认知目标，也应当包括情感目标。因此，教师对学生的情感领域也应给予重视，使教学真正与学生个人相联系。

3. 建构主义理论的特点

建构主义理论的特点主要体现为以下几个方面。

（1）重视交往的作用

教学中的交往作为一种学习背景和学习手段，日益受到人们的重视。教学过程中应当突出学生的主体性地位，使得交往成为一切有效教学的必需要素。建构主义学习理论强调交往在教学中的作用，真正将教学看成一种"交往的过程"。交往在教学中的作用表现在以下两个方面。

①学生之间的互动交流

互动是建立在语言交流的基础之上的，是语言实践和运用的基础。在互动的氛围及其作用下，学生可以主动地学习语言。

②学生与教师之间的互动

这就需要改变教师在课堂上的角色，发挥课堂中的主导作用，积极并有意识地创造师生之间交流互动的条件和氛围。

（2）重视学习素材对学生的作用

强调学习素材的作用就是要建立新型的因材施教观。"材"不应是一个单一的、静态的概念，而是一个动态的、发展的概念。在教学过程中，教师不仅要以学生的实际发展水平为基础，还要考虑到学生的潜在发展水平，引导学生全面发展。

在某种程度上，这种观点对教学设计提出了新的要求，可以帮助改变教材编写的方式。具体来说，在建构主义学习理论下，教学设计不仅要考虑教学目的，还要考虑有利于学生建构会话意义的情境问题，并把情境创作看作学习中最重要的内容之一。

（3）重视学生个体的经历与学习间的联系

具体来说，获得语言知识的多少取决于个体根据自身经验去建构有关知识的意义的能力，而不取决于个体记忆和背诵教师讲授内容的能力。强调个体的社会经历，将个体的学习与社会的个人经历有效地结合起来，可以使语言学习更具有实际意义，更有助于个体有效地掌握语言。

总之，在教学过程中，通过师生之间、学生之间的交往、沟通和协调，可以使教师和学生共同完成教学目标。学生可以在交往中发现自我、增强主体性，从而形成主体意识，还可以在交往中学会合作、学会共同生活，形成健康而丰富的个性。

（二）情境教学法的原则

1. 学生自主性原则

学生自主性原则强调两个方面：一是良好的师生关系，二是学生在教育教学中的主体地位。良好的师生关系是情境教学的基本保证。教学本是一种特定情境中的人际交往，情境教学更强调这一点。只有师生间相互信任和相互尊重，教师对学生真正做到“晓之以理，动之以情”，前文所述的两条信息回路才有畅通的可能。这意味着教师必须充分了解学生，学生也必须充分了解教师，彼此形成一种默契。学生在教学中的主体地位决定了自主性侧重于教师鼓励学生“独立思考”和“自我评价”，培养学生的主动精神和创新精神。

2. 轻松体验性原则

在情境教学法中，教师要设法在轻松愉快的学习情境或氛围中引导学生产生各种问题意识，并展开自己的思维和想象去寻求答案，分辨正误。这一原则强调，学生思维的“过程”与“结果”同样重要，目的是让学生觉得思考和发现问题是一种快乐，而不是一种强迫或负担。

3. 意识与无意识统一、智力与非智力统一原则

实现情境教学法的两个基本条件是意识与无意识统一、智力与非智力统一。人在学习做事的过程中，一方面需要集中思维，培养刻苦和钻研精神；另一方面要充分调动兴趣、愿望、动机等无意识的潜能，因为它们对智力活动具有重要的促进作用。具体到教学过程中，教师要将学生视作理智与情感同时活动的个体，不要一味地告诉他们要努力、要刻苦，而是要想方设法地去调动学生身心各方面的潜能。也就是说，教学要保持一种精神的集中与轻松并存的状态。学生在学习中松弛有度，自然会取得更好的学习效果，而这也正是情境教学法所追求的理想效果。

（三）情境教学法的应用

1. 情境的设计

语言学习是与一定的社会文化背景即情境相联系的。利用现实情境所提供的场景，学生会将自身原有认知结构中的有关经验和知识与当前学习到的新知识相连接，将新知识吸

收并结合纳入自身已有的认知结构中。因此，在英语教学中，教师要努力设计出能够引导学生积极参与学习活动的真实情境。这种情境的设计通常与以下几个因素有关。

（1）相关的范例

理解和解决任何问题都需要学生对该问题有一定的经验，并且能够建构相应的心理模型。因此，教育者应为学生提供相应的范例，即提供一系列学生可以参考的相关经验，以补充学生认知结构中的空缺，为解决当前任务提供参照。而且，为了培养认知的灵活性，相关范例应包括要解决问题的多种观点、思路和视角。

（2）学习任务的呈现

教师在向学生呈现学习任务时，应当同时描述任务中的问题发生的社会文化背景。问题的呈现应当是有趣的或吸引人的，目的是引导学生积极参与。此外，教师还应注意在问题呈现的过程中为学生留出足够的操作空间，并允许他们操纵某些维度，自己做出决策。

（3）学生的自主学习设计

建构主义指导下的情境教学法强调学生要主动建构知识的意义，如何设计出促进学生主动建构知识意义的学习环境中的重要一环就是自主学习设计。学生是学习过程的主体，学生的自主学习是对所学知识实现意义建构的内因，而恰当的情境是促进学生主动建构知识意义的外部条件，即外因。外因通过内因起作用。学生在适当的情境下通过主动探索、主动发现，并借助于自主学习活动，完成知识意义的建构过程。可见，自主学习设计是情境设计中必不可少的。

（4）教师的指导

建构主义倡导以学生为中心，认为他们是知识意义的主动建构者，是信息加工的主体。同时，教师是整个教学过程的组织者、指导者和协调者，对学生的意义建构起促进作用。因为以学生为中心的教学设计的每一个环节都离不开教师的有效启发、认真组织和精心指导，所以在设计促进学生主动建构知识意义的情境时，不可忽视教师的指导作用。如果忽视了教师的指导作用，学习活动就会成为没有目标的盲目探索。

（5）信息资源

在进行情境设计时，教师必须确定学生所需要信息的数量和种类，以建构问题模型和提出问题解决的假设，可以提供的信息资源包括可供学生选择的并随时可得的与问题解决有关的各种信息和知识，如文本、图形、图片、声音、视频、动画等，以及通过网络获取的各种有关资源。

（6）认知工具

认知工具是指支持和扩充学生思维过程的心智模式和设备，通常是可视化的智能信息处理软件，如专家系统、知识库等。由于学生受已经掌握知识和感官输入信息能力的限制，对认知资源的获得也受到限制。而认知工具能够提供组织或呈现各种信息的机制，学生借此可以进行信息与资源的获取、分析、编辑，并以此表达自己的思想。

2. 意义的建构

意义的建构和情境的设计是相辅相成的，如果缺乏真实情境的课堂环境，由于不具备实际情境所具有的生动性、丰富性，学生的联系得不到有效激发，学生也就难以提取长期记忆中的有关内容，最终学生对语言输入的意义建构也会发生困难。情境教学法中意义建构的方法和步骤主要包括以下方面。

（1）教学目标的分析

在学生的学习过程中，无论是学生的独立探索，还是教师对学生的指导，都要以对新知识的意义建构为中心。但是，每一阶段或每一课堂的学习内容总是由不同的若干知识点构成的，且每个知识点的重要性及其特点均不同，因此要想完成意义建构，首先必须对所学的内容进行教学目标的分析，在此基础上才能确定当前所学知识的基本内容。

（2）教学结构的设计

教学结构设计主要是指对教学活动过程的控制与优化问题，简单来说就是对师生之间、学生之间交互动态过程的设计。具体来说，教师应在建构主义的学习理论和教学理论指导下，运用系统观点和动态观点审视和反思教学中的各个环节、各个环节的作用和相互关系，继而形成一个动态的、稳定的教学结构进程。

（3）信息技术辅助作用的设计

随着信息技术在教育教学领域的普及应用，学生的学习资源也越来越丰富，因此在意义建构过程中，不应忽视对信息技术辅助作用的设计。它是指应确定一定情境下的学习主题所需要信息资源的种类及每种信息资源在学习该主题过程中所起的作用。在这个过程中，如果学生对于获取相关信息的出处、手段、方法及如何有效利用这些资源等方面有困难，教师应及时提供帮助。

（4）自主学习策略的设计

情境的设计离不开自主学习设计，同样，意义的建构也离不开自主学习策略的设计，它是完成意义建构的基础。自主学习策略设计的目的是帮助学生学会学习，即帮助学生能够根据学习目的和要求独立地选择有效的学习方式。在自主学习策略设计中，元认知策略设计非常重要。元认知策略是学生在学习过程中所采用的学习策略之一，包括对学习过程中所运用的心理过程的选择、学习时对学习的监控和学习后对学习的评估等。元认知策略包括计划、自我管理、自我监控、自我评估、资源利用和需求分析等方面的内容。

（5）协作式学习活动的设计

协作式学习活动设计的目的是为多名学生提供对同一问题用多种不同观点进行观察、比较、归纳、综合的机会，帮助学生掌握知识、运用知识和深化对问题的理解。开展协作式学习活动既有利于教师主导作用的发挥，又有利于学生自主探索角色的体现，还有利于培养学生之间的合作精神。

3. 情境教学中的评价

情境教学中的评价主要包括以下内容。

（1）对学生所取得进步的评价

建构主义理论认为，学习过程就是知识建构过程，应重视对动态的、发展的学习过程及学生所取得进步的评价。建构主义理论主张评价应为学生有意义学习经验的一部分，因而评价不是孤立的检测手段，而应纳入正常的课堂教学中。

（2）学生参与学习过程及效果的评价

情境教学法认为，学习过程就是学生主动建构知识意义的过程。因此，对学生是否主动参与学习过程的评价就显得很重要。这一评价要以学生的学习课堂为中心，其中对学生的课堂表现可以从以下几个方面来考查：是否在听课时注意力集中、是否积极参与课堂活动、是否认真听教师及其他学生讲话等。而从评价的目标和内容来看，课堂评价活动包括对学生所掌握知识与技能的评价，包括：学习态度、兴趣与自我意识评价，学习策略评价等。

（3）基于真实语境的评价

这主要是指评价的背景应当像教学背景一样真实而丰富。学习是学生在一定的情境中利用已有的知识和经验赋予当前学习到的新知识以某种意义的过程。因而，情境教学中的评价应在基于某种有意义的背景下，围绕真实的情境来评估和讨论学习结果。

（4）评价主体与评价方式的多元化

由于学生都是基于自身的知识和经验来构建对事物的理解，不同学生对同一知识点的理解也不尽相同，因此对学生学习过程和学习结果的评价也应采取多种方式。针对评价主体而言，评价人员既可以是教师，也可以是专家，还可以是学生自身。针对评价方式而言，可将传统的标准参照评价法与现代的学习文件夹评价法相结合。标准参照评价法是指根据课堂教学目标制定评价标准，对比学生的学习结果，并从中找出优势与不足。学习文件夹评价法是指借助由教师和学生收集的、反映学生学习过程和学习进步的各类学习成果进行评价，它主要用于学生对学习的回顾、自我评价及其他形式的外部评价。

（5）评价信息的及时反馈

情境教学法既重视对学习过程的评价，也重视对评价结果的及时反馈，因为它有助于帮助学生了解评价所带来的正面效果。具体来说，在对学生进行评价的每个阶段，教师首先要对获取的信息加以分析、整理和阐释，然后针对学生的个性特点以适当的形式及时将全部或部分的信息反馈给学生。借助于这些反馈信息，学生可以及时了解自己的不足，并在教师的帮助下不断修正自己的学习策略。

※ 二、任务型教学法

（一）任务型教学法概述

1. 任务的含义

关于“任务”一词，不同学者给出了各自的解释。教师通常所说的任务是指人们在非教育环境下或在日常生活中从事的各式各样的事情。《现代汉语词典》（1992）对任务一词的解释是:“指定担任的工作，指定担负的责任。”这也是大多数人对“任务”的理解。朗(Long，1985)也曾指出，任务其实就是人们每天的工作和生活中不断重复的各种活动。但是，教师这里所说的任务是指语言教学尤其是任务型教学中的概念，而众多学者也都从不同角度给出了各不相同的定义。这些定义既反映了任务型教学模式的大致特征，也体现了这一理论模式在发展过程中的演变、创新与重塑。

布林(Breen，1987)认为，任务是任何有组织的语言学习过程，具有特定的目标、合适的内容、特殊的工作程序，对任务承担者来说有一系列结果。布林的定义虽然提到了语言学习行为，但凸显了任务的目的、内容、过程和结果。

纽南(Nunan，1989)认为，任务是一项要求学习者用目的语进行理解、处理、生成、互动的课堂作业，在此过程中，他们的注意力主要集中于语言的意义而非形式。此项作业应具有完整性，作为一项独立的交际行为自成一体。应该说，纽南的定义与传统的交际语言教学活动很接近，它强调语言学习行为和语言意义，而不是形式。

理查兹等人(Richards，2000)认为，任务是为实现某一具体的学习目标而设计的活动。任务的不同方面会影响其在语言教学中的使用，这些方面包括目标、顺序、步骤、进度、结果、评估、参与情况、语言、资源等。理查兹等人通过对这些方面的具体描述，赋予了任务众多生活中的交际任务的特征。

2. 任务型教学法的含义

关于任务型教学，布朗(Brown, H.D.，1994)认为，任务型教学法将任务置于教学法焦点的中心，它视学习过程为一系列直接与课程目标相联系并服务于课程目标的任务，其目的超越了为语言而练习语言。任务型教学的基本特征是以任务为核心单位计划、组织教学，它采用任务大纲，以任务为单位组织教学单元，以任务的完成为教学目标。在任务型教学中，通常一个任务组成一个独立的教学单元，全部教学活动围绕任务进行，服务于任务的完成。

任务型教学将任务置于教学法焦点的中心，强调活动要有明确的目的性，主要具有三个显著的特点：侧重语言的内容含义更甚于语言的形式结构，因而课堂中的语言活动更接近于自然的语言习得；任务的完成或结果为学习者提供了自我评价的参照尺度，并且带来成就感；无论任务的执行或者任务的结果都离不开表达技能，也就是说和写的技能。

总之，任务型教学或任务型学习中的任务不是一般的、孤立的或者可以任意组合的课内或课外的教学或学习活动，而是整个系统或课程中的一个有机组成部分。

(二)任务型教学法的原则

任务型教学法主要涉及教师对任务的安排与设计，因此这里主要探讨任务设定原则。

1. 任务的明确性原则

教师应该认识到任何教学活动的设计都离不开对教学目标的思考，在制定任务前要弄清楚本次教学要解决什么问题、学生需掌握什么知识。教学任务的布置应该明确体现出教学目的、要求和教学重难点，同时对任务的布置不能停留在浅表层次，仅仅止步于简单地创设任务情境。这就要求教师应尽量避免抽象、泛泛地布置大体任务、大体框架，而应该具体呈现任务内容，包括任务所要达到的目的、完成任务需要经历的不同阶段、时间安排、步骤的具体实施办法、学生需要完成任务的形式、合作方式等细节内容。只有这样，教师才真正做到了有的放矢，学生才能清楚地了解完成教学任务、达到合格要求需要努力的方向。明确的任务目标能使有限的教育资源得到最为充分的利用。

2. 任务的可行性原则

任务必须是可行的，也就是要具有可操作性，这样才能保证任务的目标有可能实现。任务的可行性主要体现在循序渐进和任务的可分解性上。一方面，任务的设置应该由易到难、由简到繁、层层深入，形成一个个由初级任务到高级任务并由高级任务涵盖初级任务的循环，并由数个微型任务共同构建形成一个完整的“任务链”；另一方面，这样一个完善的任务序列正好形成了一个个易于分解的小任务单元，方便学生或单独演练，或二人协同操练，或小组讨论，或全班齐练，形成多重立体交叉学习模式。此外，学生面对一个个分解后的小任务单元，也不会产生畏难心理，在一步步攻克堡垒后还容易形成良性循环，迎难而上。任务的可操练性既利于专业知识的学习，形成学习方法，还有利于相互学习、相互借鉴。此外，学生间的相互合作还能加强班级团结，形成团队精神、协作精神，增强整个集体的凝聚力，可谓一举多得。

3. 任务的可达性原则

任务的可行性保证了任务的可达性。设定任务时，在保证任务可行性的基础上，教师要考虑到下述问题：既定的任务在多大程度上高出学生现有水平？有多少学生能够在规定时间内通过努力完成任务？如果在客观地评估后发现任务过于困难应该马上进行调整，毕竟自主学习的初衷绝不是要挫伤学生学习的积极性，而是要让学生发现通过自身的勤奋努力，一步一个脚印扎扎实实地学习。一般来说，任务的难度应该高于学生的现有水平，并具有一定的挑战性，但不宜过高。难度系数过高的任务会让学生气馁，大受打击，丧失学习兴趣和前进的动力。教师在教学过程中要严格监控任务的难度，随时进行必要的调整，始终把任务的难度控制在一个合理的范围内。

4. 任务的挑战性原则

自主学习中任务难度的设定是需要认真把握的。尽管自主学习是以学生自学为主，但过于简单或者困难的内容都是不适宜的，尤其是过于简单的内容。从心理上来说，过于简单的内容容易使学生丧失学习兴趣，并且在心理上形成错觉，产生骄傲自满等不正确的学习态度、学习情绪。因此，学习任务的设定应该立足于学生的具体情况、实际水平，增加一定的挑战性，这样才能充分激发学生的学习动机和兴趣，刺激学生的征服欲，发挥学生的积极性、创造性，培养其自信心，变“要我学”为“我要学”，并最终实现“要学好”。任务的挑战性越大，学生完成任务后得到的满足感、自豪感越强，更能激发长久的、持续的学习兴趣。

5. 任务的实用性原则

中国学生在英语学习上最惨痛的教训莫过于只会写不会说。而开不了口的“哑巴英语”一直是中国英语教育界的痼疾。为什么会出现这种情况呢？在很大程度上可以归因于教师在教学设计上忽视了教学生有用的、实用的知识。要解决这一问题，在教学任务设定环节中，教师一定要本着“教学生有用的、实用的知识”的原则，一切以实际应用为出发点，给学生提供明确、真实、有用的信息。任何知识、科学技术的讲授、传递都要符合交际功能和规律，为学生创造一种自然、真实的情境去体会、学习、创新。

6. 任务的相关性原则

任务的相关性原则体现了学用结合、学以致用的理念，试图将语言教学和课堂社会化。具体可以从以下两个方面来理解。

（1）学习任务设计中的相关性

教师在设计学习单元任务时，应注意由易到难、由简到繁、层层深入，形成由初级任务向高级任务及高级任务涵盖初级任务的循环，保证教学阶梯式层层递进。此时，学习任务犹如阶梯，相互依存，逐步升级，而学生的语言能力则通过每一项任务逐步得到发展。此外，任务的设计不仅要由易到难，还应从接受性任务向表达性任务过渡。例如，听和读的任务可先于写和说的任务，或先让学生模仿录音或教师的语言，再让学生将以前学习过并熟悉的语言与现在学习的语言重新组织，创造出新的组合。

（2）课堂语言学习与课外语言运用的相关性

将课堂学习与课外运用紧密联系，一是可以缩小课堂与社会之间的距离，把学生作为社会的人，通过学习促进学生的社会化；二是能够有效激发学习者的内在动机。学习理论研究表明，内在动机更能促使学生积极投入学习当中。当学生发现所学内容与他们的实际生活紧密联系，所学可以马上用于应对生活中的交际问题时，他们的学习兴趣和积极性将被充分调动起来。

（三）任务型教学法的应用

任务型教学可以分为三个阶段，即任务前阶段、任务中阶段和任务后阶段。每个阶段都有其不同的教学目标和教学技巧，下面教师分别介绍。

1. 任务前：准备阶段

任务前阶段，即“呈现”阶段。这一阶段的活动决定着整堂课的成败，是任务型教学中非常重要的环节。这一阶段通过各种活动输入与任务相关的语言（可以是显性的，也可以是隐形的），为学生创设良好的学习环境。任务前阶段的目的有二：一是为了激活学生已有的知识资源，帮助学生重构语言系统与思维方式；二是为了使学生具备完成任务所需要的语言知识和文化知识，减轻在下一阶段完成任务时的认知压力，从而使学生真正成为主动学习者。

斯凯恩（1996）认为，任务前的活动可以有两个重点：一是对任务总体认知的需求；

二是注重语言的因素。具体来说，如果在任务前阶段可以减少学生在认知方面的压力，他们就会有更多精力注意语言方面的因素。任务前的阶段主要涉及几个方面的准备与学习，包括词汇的学习，已有背景知识的激活，新语言材料的引入，语法结构的呈现、仿作与演练，提供任务的示范等。

2. 任务中：实施阶段

在前期准备的基础上，任务实施的阶段是语言技能的主要习得过程。在这一阶段，教师不仅要注意学生语言的流利性，还要注意学生语言的准确性，并鼓励学生重构语言。在这一阶段，任务的选择极为关键，任务的难度过高或过低都不利于学生的学习，因此教师要合理选择任务的难度。然而，恰到好处地把握任务的难度却并非易事，教学中经常出现任务难度过高或过低的现象。当然，教师可以采用各种方法来弥补这种现象。例如：当任务难度过低时，教师可以添加其他学习内容或涉及更多具有思维挑战和判断性的任务；当任务难度过高时，教师则可以利用图表、图像，以降低难度。

任务中的阶段常常涉及活动方式的选择，其中小组活动是比较常见的活动方式。在进行小组活动时，要有明确的个人任务与小组任务，要对学生和教师的角色进行适当的转换。此外，教师要对小组活动进行适当而明确的指导。

3. 任务后：语法教学阶段

在任务型教学的目标分析中教师已经提到，任务型语言教学并不只强调口语的流利，它同样重视语言的准确性。事实上，任务型课堂教学的三个阶段都很关注语言的形式。正如朗所指出的，如果任务前和任务后是有意识地学习语言的形式，那么任务中则是无意识地注意语言的形式。因此，任务后阶段的意义在于，它为学生提供了一个再做任务的机会，促进学生反思任务完成的过程并进一步关注语言的形式。任务后的阶段主要涉及两个方面的活动内容，即让学生重新演示任务的完成过程、让学生反思并分析自己在完成任务时的错误和问题。

※ 三、交际型教学法

（一）交际型教学法概述

交际型教学法产生于 20 世纪 70 年代初期。当时，将英语作为一种交际工具来进行教学已经成为颇受国外语言教学青睐的教学方法。可以说，交际型教学法的产生与当时的社会历史背景是分不开的。20 世纪 60 年代，西方发达国家的经济发展迅速，政府间和民间在各个领域的交往也都更加频繁。例如，在西欧，除了本地区人民的频繁往来，一些发展中国家的成人劳动力也开始流入欧洲共同市场国家。但人们在各种接触中，都遇到了语言不通的障碍。即使学过一些外语的人到了国外，依然连起码的交际语言都不会，这直接影响了他们的生活和工作。在这种情况下，亟需一种新的语言教学方式来解传统教学模式的燃眉之急。

自20世纪70年代中期，在教育语言学和语言教学法领域中所有的实践、理论和研究的重大问题，都归结到“交际能力”这一基本概念上。这种“交际能力”的提出与语言学家乔姆斯基提出的“语言能力”形成对照。而越来越多的人也开始赞同从社会的角度来观察语言。于是，社会需求和“交际能力”这一概念相结合，便形成了“交际语言教学”这一思想。随后，交际型教学法传入中国并得到了广泛的应用。

交际型教学法是以社会语言学理论、心理语言学理论为基础，以交际功能为大纲，以交际能力培养为目标的教学法体系。它以培养学习者的语言交际能力为目标，强调交际过程，如在不同的场合下恰当地使用语言，运用语言执行各项任务，包括：解决难题、获得信息、人际交往等。在交际型教学模式中，教师和学生的注意力应当放在怎样利用语言作为介质以实现交际目标、完成交际任务上，而不是只关注所述句子的结构是否完全正确。总之，交际型教学法将语言的结构与功能结合起来，要求教师不仅培养学生听、说、读、写等方面的语言技能，还要教会学生如何将这些语言技能灵活地运用到英语交际中。

（二）交际型教学法的原则

1. 以学生为主体原则

交际型教学法强调交际，强调对学生交际能力的培养。学生必然是课堂的中心和主体，因而教师要鼓励学生积极主动地参与各种课堂活动与实践活动。在这里，教师主要有两个方面的职责：一是教师要为学生营造一种轻松、和谐的课堂氛围，让学生将课堂变成没有压力的语言实践场所；二是教师要有意识地调动学生的主观能动性，从预习到课堂实践、课后复习，每个环节都应该让学生自己去思考、发现问题并自己动手去解决问题。此外，以学生为中心不仅体现在教师与学生角色的变化上，还体现在教材内容的选择上。这对英语教师来说是一个挑战，他们必须充分了解学生的不同学习需求与学习动机，根据学生的不同需要来选择具有针对性的教材。必要的时候，教师还可以选择或推荐一些教学材料给学生。

2. 以意义为中心原则

在交际型教学法中，尤其要强调以意义为中心。这是因为无论是用母语还是用英语与他人交流，人们首先关注的是意义的传达，而不是追究语法有没有错误。从这点来看，交际型教学法与传统的教学模式存在明显的区别。一般来说，教师在课堂上比较重视结构主义的教学方法，即将句子的词汇、语法、结构等作为重点来授课。事实上，这正是很多学生学了多年英语却在真正的交际场所中不知所措的原因。在课堂上，学生基本上是为了学英语而学英语，他们说出的英语句子不是以交际为目的，而只是为了证明他们对于语言形式的掌握程度，因此即使学了多年英语，他们也不一定能说出一句最基本的日常用语。也就是说，学生在课堂上学习的是语言形式的用法，而不是语言的真正运用。

在交际型教学法中，教师要摒弃处处挑学生语法错误的做法，应当高度容忍学生所犯的错误。教师应该明白，任何学习包括语言的学习，都是在不断地犯错中逐步进行并往好的方向发展的。如果学生能顺利地表达出自己的观点，教师就没必要纠正他们，只需帮助他们自己发现并纠正错误即可。需要指出的是，以意义为中心强调语言与当时情境的融合。任何对话都是发生在一定的时间、空间之中的，有些信息只有交际的双方才能心领神会。当然，教师重视语言的意义绝不是说完全忽视语言的形式，毕竟语言形式作为语言的基础知识是学生必须正确掌握的。教师只是强调在交际型教学法的前提下，有意识地培养学生灵活运用语言、重视语言意义的意识。只有这样，学生才能做语言的主宰者与支配者，而非语言的奴隶。

3. 以任务为指向原则

在语言教学过程中，教师如果为学生提供一定的交际活动或分配一定的任务，他们就会有机会使用所学的语言进行真实的交际，而学生在实践中进行语言交际能将语言学得更好。因此，在交际型教学中，学习者不能局限于对语言本身的学习，或是将语言作为一门独立课程来学习，而应将语言的学习渗透到其他学科的学习任务中，将语言作为一种工具或介质来学习其他学科的知识。事实上，任务和交际是不可分割的，以任务为中心，学生之间可以有更多、更真实的交流，学生的积极性和主动性也会更强。此外，由于任务往往有其具体的上下文，学生在任务活动的过程中无形中提高了语言运用能力。而且，以任务为中心还意味着将学生从呆板、固定的课题中解放出来，在形式多样的课外活动与任务中，如在英语辩论、英语演讲、英语歌唱中，培养、发展自己对语言的运用与驾驭能力。

4. 真实性原则

真实性主要是指教学材料或教学大纲的本质，即教师在课堂上必须采用原文作品，不得是人为加工后的语言。也就是说，交际型教学法强调在（类似）真实的语言环境中学习和使用语言，这样才能有助于提高学生对语言的实际运用能力。

交际型教学法中的真实性具有以下两个方面的含义。

（1）强调教学内容的真实性

要想培养学生的交际能力，教师首先应使教学内容尽可能地贴近生活。因为一些书面体的语言在实际生活中使用很少，或者很难遇见，以这样的教学内容为基础的外语教学是不利于培养学生的语言交际能力的。为此，交际型教学法创造了以任务为基础的语言活动、以解决问题为基础的语言活动和以专题为基础的语言活动，使学生围绕“任务”“问题”或“题目”有目的地掌握语言功能，习得语言交际能力。

（2）强调教学环境的真实性和语言实践环节的模拟性

利特尔伍德（1981）指出，“交际法使教师更强烈地意识到只教会学生掌握外语的结构是不够的，学习者还必须掌握在真实的环境中将这些语言结构运用于交际功能中去的策略”。在外语教学中，如何积极地创造语言交际环境，使学习者在交际活动中掌握使用语言的能力，是体现交际性原则的一个重要方面。

交际型教学模式离不开交际活动。在活动过程中，教师和学生应共同营造真实的氛围，在教师指导或学生彼此交流中应使用真实语言，而不单纯是为了某个句型或语法进行操练。

交际型教学法不仅要求学生使用真实语言，还要求他们说出的话必须具有创造性和不可预测性，即语言的形式要多样，不能仅为了证明对语言知识的掌握而使用语言。此外，交际活动的角色必须真实。教师要鼓励学生融入自身所扮演的情境角色中，让他们对交际存有愿望和期待。

（三）交际型教学法的应用

1. 设计交际活动

在交际型教学法的课堂环境下，教师应设计强调语言功能特点的交际活动。这类活动的目的是鼓励学生尽可能依靠已经建立的目标语知识体系实现有效的交际，如解决问题或交换信息。具有功能交际特征的活动主要包括以下几类。

（1）描述活动

描述活动是指教师让学生对具体的事物或事件进行描述，目的是促使学生学会如何以段落的形式运用和理解目标语。例如，教师可以要求学生描述自己所处的城市、所在的校园、经历的趣事等。描述活动所产生的另一个积极结果是它可以锻炼学生的逻辑思维与组织能力，这可以帮助学生更好地进行交际。

（2）猜词活动

学生首先必须掌握句子本身并灵活运用，因为对句子的掌握和运用是培养学生交际能力的起点。教师可以借助猜词活动来为学生提供口头使用英语的机会，具体操作方法是：教师首先要求某位学生站到黑板前，面向全班；然后，另外一位学生将某一刚刚学会的单词写在黑板上，而这个单词须是大多数学生所熟悉的；接下来，全班同学各自用英语解释黑板上的单词，并请那位站在黑板前的学生猜出这个单词的拼法和意义。可以看出，猜词活动或类似的任务活动是训练学生口语的有效途径。

（3）简短对话活动

交际能力发展在很大程度上取决于学习者进行简短对话、互通情感的能力，如对各种话题——天气、交通状况、赛事、度假等的讨论。这些简短对话表面上看似毫无意义，但它们对营造社交氛围起着不可忽视的作用。因此，学生应掌握和使用简短对话以培养人际沟通的技巧。简短的对话可以在两个人之间进行，也可以在多人之间进行，所讨论的话题可以随时跳跃和转换，但都以简短为宜。

（4）角色扮演活动

由于课堂环节的局限性，模仿、角色扮演等便成为教师用来创建更加多样化社会语境、反映更加多样化社会关系的重要技巧。教师对社会交往活动的设计，既可以基于学生熟悉的场景或事件，如学校、家庭、与朋友会面，也可以是学生不太熟悉但将来可能会遇到的事件，如预订旅馆房间等。总之，活动的设计可以从简单的交际事件，一直延伸到较复杂的交际事件。对角色的模仿或扮演活动，可以通过以下几种形式来实现。

①借助提示信息来完成

当只有一名学生作为交际者得到详细的提示信息，而另外一名交际者得到的信息只能满足为他（她）提供必要的回答时，教师就可以帮助创建更灵活的交流框架。例如，在预订旅馆房间的活动任务中，教师可以让两名学生分别扮演客人和旅馆老板进行交际。在这段交际中，交际活动的主要结构将主要取决于客人所说的内容，因为他为了预订到合适的房间，必然会向旅馆老板提出各种疑问或要求，而旅馆老板则会针对客人所提的问题进行一一解答。可见，此类交际活动比较适合两名语言水平有高低差异的学生。语言水平较高的学生是整个交际过程的引导者，他所掌握的提示信息使得他能够控制整个活动过程。在现实中，这类活动发生的场景有很多，如在银行里顾客与银行工作人员的对话，或是在新闻采访、求职面试中的对话等。

②借助提示性对话来完成

这是一种比较简单的角色扮演活动。教师可将相应的不同提示以卡片的形式发给学生，以模仿现实交际过程中的不确定性和自发性特点。在这个交际过程中，其中一位交际者必须认真倾听另一位交际者的语言信息，这样才能知道应该如何应答。当然，一般而言，学生根据所得到的提示信息在很大程度上都能够预测到另一位交际者将要表达的内容，并以此确定自己应答的大体内容，这样便减少了学生运用现有语言水平进行交际的困难。

③通过辩论或讨论的形式来展开

在这类活动的交际语境中，学生所扮演的角色应当对事件及其他交际者所持的不同意见有较全面的了解。在活动结束时，这些交际者能够对辩论或讨论的问题达成共识。例如，假设班上某位同学家庭贫困，又不幸患了绝症，你号召全校同学以捐款或义卖的形式自发为这位同学筹集善款。在这个交际活动中，可能会出现来自不同机构的角色，如教师、校长、慈善机构人员等，交际者便可以以讨论或辩论的形式展开角色扮演。

④借助交际情境和交际目标来完成

这类交际活动侧重于借助高层面的交际情境和交际目标来开展交际活动。在这个活动中，教师仍可以使用某些信息提示，只不过对学生想表达的思想的控制程度要有所减弱。在活动初始，学生只是对交往活动和交往目的有一个大致的了解，随着活动的展开，他们必须不断协商，对另一位交际者的提问自发地应答。但是，学生必须对交际活动中的信息确定一个共同的认识标准。在交际双方所共有的知识和交际活动中的不确定因素之间达成一种平衡，可以为交际的顺利进行提供必需的动力。例如，在某一汽车展示厅内的交际活动中，一位学习者认定要看的汽车型小且时尚，而另一位学习者却认为同一辆汽车型大而陈旧，那么这样的交际是无法进行下去的。

（5）策略式交往

策略式交往是一种即兴表演的活动，即学生先按照预设的故事情节进行表演，但在故事情节的发展过程中，教师可以刻意添加新信息，要求学生变换各自扮演角色的特征、改变交往的方向等。在策略式交往活动中的交际互动设计中，教师应将听力活动和视觉活动有机结合，以便更符合现实交际活动的特点。

（6）社会戏剧

社会戏剧是一种模拟的社会交往活动，即学生根据预设的社会交往情境，模拟进行社会交往活动。社会戏剧的设计对于培养学生社会交往活动的能力十分有效，其过程包括如下几个方面：准备活动，即教师向学生介绍活动的主要内容；展示新词汇，即教师向学生展示要学习的词汇或短语；展示要解决的问题，即教师以讲故事的方式向学生介绍交际活动的背景知识，讲到要解决的问题时突然打住，将学生的注意力吸引到要解决的问题上；讨论故事发生的语境及在学生中确定相应的角色；指定观众，即教师给那些没有参与到角色表演中的人分配一些相应的学习任务；表演，即学生按照各自扮演的不同角色进行表演；新一轮的角色扮演，即学生要谈论故事发生的语境并进行新一轮的角色扮演，从而发现新的问题解决办法；重新表演，即学生将故事情节以新的解决办法重新表演；总结，即在教师的引导下，学生对活动进行总结；后续活动，包括继续讨论、书面练习、阅读练习等。

2. 评价交际能力

在教师设计完交际活动并由学生进行实践之后，便涉及对学生交际能力的评价。教师所设计的交际活动兼具功能特征与社会特征，相应的，对学生交际能力的评价也涉及功能因素与社会因素两个方面。当然，对功能与社会两种因素的评价不是截然分开的，而是统一地融入对学生总体交际能力的评价中。

（1）对运用目标语得体性的评价

首先，交际话题的选择决定了目标语文化背景知识所确定的得体性。在一种文化中被视为个人隐私的话题在另外一种文化中可能被认为是可以公开讨论的话题。例如，在中国人看来常见的一些话题却是不被外国人接受的。如果一个中国人问一个外国人“Are you married？”“How old are you？”“Where are you going？”等，就会被视为违反了英美文化中的言语行为准则。

其次，对目标语的使用是否恰当主要与交际者之间的关系及当时所发生交际的语境有关。例如，“What’s your name”的表达形式虽然没有错误，但并不能用于打电话时询问对方的身份，而要采用“May I know who is calling”的表达方式才算得体。

（2）对文化背景知识掌握的评价

在培养学生的交际能力时，教师一定不能缺少对目标语文化背景知识掌握的考查和评价，它有助于学生掌握语言运用的得体性。一种语言的表达方式是否得体，是由该语言的本族语者所共有的社会文化习俗所决定的，因此，学生在交际过程中应注意学习并掌握这些文化规则。

教师在考查和评价学生对文化背景知识的掌握时，可以将带有文化误解的交际场景呈现给学生。这些文化误解极有可能导致本族语使用者产生负面情绪，而教师可以让学生判断和指出问题所在并加以纠正。在这个过程中，教师可以观察并判断学生对该文化规则的掌握程度，并及时提供启发性知识，引导学生了解和掌握目标语文化语境下的社会交往知识与技巧。同时，教师还可以对目标语文化与母语文化加以比较。这样既可以巩固学生对母语文化的掌握，也有利于在目标语文化与母语文化之间形成一个健康的平衡状态，帮助学生在以后更好地进行交际。

（3）对约定俗成习俗掌握的评价

任何一种语言都包含大量约定俗成的语言形式和用法。如果学生对此缺乏了解，所输出的语言即使合乎语法规则，但与约定俗成的用法相悖，那么在交际过程中也会遇到表达上的困难和尴尬。例如，在告知时间时，英语可以说“It’s twenty to three”或“It’s two forty”，而不能用“It’s three minus twenty”或“It’s ten after two thirty”等形式。又如，在问候别人时，英语中常用“How are you”，而不用“Are you well”或“Are you in good health”等表达方式。此外，在英语礼仪交往中，必须使用一些约定俗成的短语。比如，在请客人先于自己进入房间时要说“After you”; 在偶遇一位多日不见的熟人时要说“How nice to see you”。以上主要是句型和语法结构上的约定俗成，其实针对词汇而言，英语中也存在一些约定俗成的表达方式。例如，某些约定俗成的形式仅用于某些特殊场合，如“Check, please”这一固定表达方式仅在饭店结账时使用。

在英语教学中，这三个方面的评价是相互联系、缺一不可的。只有对这三个方面都有所掌握，才能有助于培养学生的文化得体意识，而这恰恰是交际能力的重要组成部分。

第二章　高职英语专业建设及课程设置

第一节　概述

从某种意义上来说，办学就是办专业。专业是高职院校人才培养工作具体实施的载体，学生的专业知识和能力的构建是通过专业学习来完成的。专业建设在学校发展中具有举足轻重的地位，其核心内容包括专业设置、人才培养、基地建设、课程改革、工学结合等方面。一所高职院校要想办出特色，就必须把教学条件建设、人才培养模式和教学模式的改革与创新落实在专业建设上。

教育部启动的高职高专人才培养工作水平评估工作，有力地推动了高职院校的办学条件建设和教学内涵建设，使高等职业教育迈上了一个新台阶，也必将继续引领高职教育向纵深发展，其发展的主线就是加强内涵建设。

※　一、高职专业建设的主要内容

1. 师资队伍建设——专业建设的核心

师资力量是衡量一所学校办学水平高低的决定性因素之一。我国高等职业教育经过多年的探索与发展，已经初具规模，办学质量也是稳步提高。高等职业教育师资队伍建设不能照搬普通高等教育的模式，也不能简单地把中专学校的教师“升格”成高职院校教师。教育主管部门和高职院校应当结合高职教育的特点和教学规律与要求，制定师资队伍发展规划，有步骤、分批次地培养、培训适应高职教学需求的合格教师。

2. 课程体系与教材建设——专业建设的基础

课程体系是专业知识和职业能力培养要求的全面体现，课程设置、课时数量及授课顺序等方面是否科学、合理，直接关系到专业培养目标能否顺利实现。课程体系是专业设置时必须首先确定的内容。课程体系的确立要建立在对各个专业所对应的工作岗位群所需要的知识和技能进行充分调研的基础之上。从全面培养人的角度来看，课程体系还要兼顾学生综合素质的提高。教材是专业知识和个人素质、能力培养的物质载体，缺乏这一载体，必将影响到专业知识传授和专业能力形成的效果。如何使教材符合高职教育的特点与培养目标，仍然是目前乃至今后很长一段时间内高职教育界应当密切关注的问题。

3. 实践教学条件建设——专业建设的保障

重视学习实训是高职教育的办学特色之一，也是提高高职教育质量的重要环节。实践教学条件的好坏直接关系到学生专业技能培训的质量。高职院校应不断加强实践条件建设——不仅要建设高质量的校内实践基地，还要推行“走出去”战略，设法和企业合作共建校外教育实践基地，从而增强高职毕业生的社会适应性。

4. 实践教学体系建设——专业建设的重点

强化实践教学，是高等职业教育与普通高等教育的主要区别之一。实践教学体系的建设和完善，制约着教学活动的组织与安排，进而影响专业人才的素质和职业技能的培养。实践教学体系建设在高等职业教育人才培养系统中具有不可替代的作用。积极探索和改革实践教学的方法与内容，完善实践教学设计，构建体现职业教育特色的实践教学体系，是值得深入探讨和思考的重要问题。要以建立和优化创新人才培养模式为前提，把实践教学改革融入整体教学改革之中，不断加强对学生知识、能力、素质的综合培养。

※ 二、高职院校专业建设的要素

1. 专业设置要面向区域经济，融入产业要素

所谓专业设置融入产业要素，从宏观层面上看，就是教育主管部门在审批专业和调整专业结构时要充分考虑区域主导产业、重点产业、特色产业的发展现状和趋势，合理规划与布局学校专业结构；从微观层面上看，就是学校要走进产业规划部门，学校中层干部和专业带头人要赴地方参与产业的调研和规划的制定，开展产业活动分析和课题研究，全面了解产业转型升级的态势与战略趋势，确定与产业发展相适应的重点专业发展规划。

2. 人才培养要针对市场需求，融入行业要素

学校利益要服从国家利益，建立人才培养模式动态调整机制，对于不适应社会需求发展的专业要及时停办。区域经济转型升级带来结构、布局和支柱产业的变化引发了行业、企业对不同类型的高素质技能型人才的需求。社会需求是人才培养的立足点和结合点，因此，“专业—产业”的关系是建立在“专业—行业”关系之上的。在课程开发中，要注重体现行业发展的要求。

3. 基地建设要构筑工作场景，融入企业要素

高职院校实训中心的建设应在设备选择、物质环境、教学项目设计等方面，体现企业的典型工作任务、训练项目的技术含量、新技术的发展方向、企业的职业氛围，既要不同于研究型大学的实验基地，又要区别于中职教育的操作性实训基地。同时，基地的建设既要考虑教学功能，又要兼顾培训、职业技能鉴定和应用技术研发等多种社会服务功能。

4. 课程建设要贴近工作任务，融入职业要素

课程建设的重点是开发以工作任务为导向的项目课程。传统的高职教育课程沿袭了本科教育的学科型课程模式，实际上，这种模式已经不能满足现代职业教育的要求。从“以

知识为中心”的课程体系到“以工作任务为导向”的课程体系转换并非是线性的演绎过程，而是要打破学科型课程结构。新结构课程体系来源于职业岗位，通过工作任务分析，按照岗位主要工作内容以及工作的主次和相关性，确定专业核心和专业课程。

5. 工学结合要对接职业岗位，融入实践要素

工学结合是一种将学习与工作相结合的教育模式。工学结合融入实践要素，就是要求学校在产业、行业、企业的合作框架下，对接企业职业岗位。高职院校要根据专业特点，加强与企业的合作，共建教育实践基地。顶岗学习是高职院校培养学生专业技能的重要环节，学生的实习岗位必须和职业岗位全面对接。还要建立教师到企业学习的制度，形成对接机制：一是结合岗位开展企业调研，形成产业转型意识，把握产业发展的新技术要求，结合课程教学，搜集工作案例，丰富教学内容；二是参加企业岗位实践活动，丰富工作经历，提升教学能力；三是教师带项目到企业或参与企业技术改造和新项目开发，提升科研能力。

※ 三、高职英语专业的人才培养目标及专业特色

1. 高职英语专业的人才培养目标

高职教育英语专业的培养目标是：培养具有较强的英语听、说、读、写、译等综合技能，具有较广泛的跨文化知识、较实用的专业知识和熟练的电脑运用技能，并能在外事、经贸、文化、教育、旅游等部门从事翻译、外贸实务、导游、办公室管理和涉外文秘等工作的高技能型人才。

2. 高职英语专业的专业特色

高职英语专业有别于普通高校的英语专业，专业面向和职业岗位联系密切，课程内容和职业资格证书全面接轨，具有明显的职业性特征。在具体教学中，强调“宽基础、强能力、广适应”是高职英语专业的教学理念。在高职教育体系中，实践教学具有与理论教学同等重要的作用。它是通过认知实习、专业实践、顶岗实习等一系列有目的、有计划、有组织的教学活动，实现学生的书本知识、职业技能和未来职业岗位对接的教学形式——既包括对学生涉外管理、服务知识和技能的传授，又包括对学生职业意识的培养，还包括对企业经营管理环境的熟悉以及对经营活动中所涉及的人际关系的了解等。

第二节　商务英语专业

商务英语专业培养目标：培养具有较强的运用英语进行商务贸易、商务谈判和企业管理的综合能力，适应现代各类经贸活动要求的高级技术应用型专门人才。

商务英语专业核心能力：在商贸领域较熟练地运用英语听、说、读、译的能力，具有商务、财务与管理等方面的实际工作能力。

商务英语专业核心课程与主要实践环节：外贸英语（精读、听力、口语、泛读）、剑

桥商务英语、外贸应用文与函电、英美概况、国际商法、国际贸易实务、经贸英语翻译、经贸英语写作、外刊经贸知识选读、社会调查、商务英语实习等，以及各校的主要特色课程和实践环节。

可设置的专业方向：商贸英语、经贸英语、外贸英语。

就业方向：可在外资企业、涉外企事业单位，从事商务贸易等方面的将待服务和管理工作。

※ 一、商务英语专业定位

商务英语专业是一个复合型专业，它涉及的内容非常广泛。“商务”是个宽泛的概念，它是指围绕贸易、投资等开展的各类经济、公务和社会活动，具体包括贸易、金融、管理、营销、旅游、法律、物流、海事等很多方面。高职商务英语专业不可能面面俱到，所以，非常有必要为商务英语专业设定一个具体的方向。不同学校可根据社会需要和自身特点设立不同的专业方向（如国际贸易、国际金融、国际营销、电子商务等）。

高职商务英语专业的人才培养目标必须符合高职学生的水平特征，坚持“实用为主，够用为度”的原则。面向企业的人才需求，培养实践能力强、理论知识够用的技能型人才。比如，外贸业务员、进出口贸易单证员、报关员、外销员等。

※ 二、高职商务英语专业的现状与问题

在全球经济大潮的推动下，英语在世界经贸交往中的重要性日益显现，商务英语也越来越受到重视，人们渐渐认识到在经济贸易领域与各国企业、客户进行有效的沟通和交往，仅仅依靠通用英语是远远不够的。顺应这一需求，商务英语开始“独立”，逐渐发展成为一门新兴的学科。即便是在以英语为母语的国家，许多高等院校也都开设了商务英语课程。在英国，牛津大学、剑桥大学向全世界推出了国际性商务英语考试。在美国，哈佛大学、斯坦福大学、伯克利大学等著名院校都开设了商务英语课程，普林斯顿大学还成立了以商务英语为核心的国际交易英语考试中心。商务英语受到了越来越多人的青睐。在我国，随着改革开放深入发展，特别是在中国加入世界贸易组织后，越来越多的外国大企业来中国设立分公司，中国企业参与国际交往活动日益频繁，对于商务英语专业毕业生的需求量呈递增态势，这给高职商务英语专业的发展创造了良好的外部环境。

据不完全统计，全国已有近 700 所高校开办了商务英语专业，其中绝大多数是高职院校。然而，对众多高职院校来说，商务英语专业仍处于起步和探索阶段，对这一“新生儿”的认识还存在许多不足。目前，在我国高职商务英语专业的教学实践中普遍存在以下问题：

1. 专业性质不明确

专业发展的基本问题还没有形成共识。在教学中到底是以英语为主，还是以商务为主？要么偏向英语，要么偏向商务，没能将两者有机地结合起来。

2. 专业特色不明显

由于受传统的英语语言文学专业办学模式的影响，加之有些教学管理工作者和任课教师对高职商务英语的教学指导思想和教学实践仍然存在着认识上的偏差，致使商务英语专业“职业”特色不突出，不能很好地体现职业教育的办学理念。主要表现在：第一，人才培养目标定位不明确，培养规格不明确；第二，人才培养方案沿袭普通高校英语专业教学模式；第三，对实践教学重视不够，缺乏健全的实践教学体系和实习实训场所；第四，教学内容不符合高职高专“实用为主、够用为度”的基本要求，过分强调学科性；第五，缺乏与企业的有效合作及区域针对性，在调整和设置专业时，不能准确把握市场及不同地区经济环境对商务英语人才的需求差异。

※ 三、高职商务英语专业建设思路

1. 加快师资队伍建设，提高教学水平

促进商务英语专业的发展必须要有一支具有扎实的英语语言功底、丰富的商务知识、一定的商务实践经验和较强的实践教育能力的稳定的教师队伍。

2. 更新教学理念，加强对学生综合能力的培养

针对商务英语目的性和实践性强的特点，在注重对学生英语语言能力培养的同时，强化学生对商务知识的系统掌握和灵活运用，同时不能忽视对学生综合素质的培养。

3. 确立正确的教学目标，优化课程设置

培养具有较为扎实的英语语言基础和英语应用能力、拥有丰富的商务知识和各种商务实战技能的复合型人才，是当前商务英语教学的核心目标。因此，既要强调英语语言课程的设置，又要重视商务知识课程的设置和拓展，增强学生对实际工作的适应能力。

4. 探索新的教学方法，建立新的教学模式

为了适应经济社会发展对商务英语人才需求的变化，商务英语的教学模式必须由“以教师为中心”转向“以学生为中心”。

5. 选用优秀教材，提升教学层次。

教材是体现教学理念、内容、方式的载体，选用优秀教材在商务英语教学中至关重要。教师在选择教材时，应注意教材的内容要富有时代性，紧跟现代商务活动发展的步伐。

第三节　应用英语专业

应用英语专业培养目标：培养了解英美政治、经济、历史、文化、文学等方面的基础知识，能在外事、经贸、新闻出版、文化教育、旅游等部门，从事经营管理和接待服务的高级技术应用型专门人才。

应用英语专业核心能力：具有较好的汉语表达能力和运用英语听、说、读、写、译的基本技能的能力。

应用英语专业核心课程与主要实践环节：基础英语、实用英语语法、英语读写、英语听说、英汉互译、英美概况、英文报刊选读、英语写作、文学作品选读、计算机辅助教学、自然科学概论、社会调查、语言实践、各种英语竞赛、翻译实习等，以及各校的主要特色课程和实践环节。

可设置的专业方向：经贸英语、外事英语、科技英语、体育英语。

就业方向：各级政府部门、企事业单位及教育部门，从事外事、国际文化交流等方面的接待服务和管理工作。

※ 一、高职应用英语专业现状分析

在高职英语类的四个专业中，“应用英语”这一名称最为贴近高职教育的办学特点，但是由于报考者无法一眼看出专业的内涵与培养方向，选择这一专业的学生相对较少。实际上，设立这一专业的初衷，是试图包含除了商贸（商务英语）、旅游（旅游英语）和教育（英语教育）方向以外的其他领域。就目前开设应用英语专业的高职院校来看，专业方向可谓“名目繁多”，有的学校甚至开设应用英语（商务方向）、应用英语（旅游方向），与商务英语专业和旅游英语专业。照此看来，高职英语类专业只要统称应用英语就行了。显然，有些高职院校对英语类专业的类别划分还没有完全界定清楚。

与本科院校选拔高考英语成绩优秀的学生进入英语专业学习不同，大多数的专科院校对应用英语专业学生的英语基础并未做特殊要求，许多学生在入学时英语并不占优势，有些甚至英语基础很差，缺乏学习英语的兴趣和信心。另外，高职学生在校学习时间短，除了提高语言技能外，还要学习其他如旅游、商务、文秘等专业知识，学习负担重，很容易导致英语基本功不扎实、专业知识薄弱，造成就业困难，找不到对口工作的后果。在高职院校，英语专业的地位迅速下降，开设应用英语专业虽然适应了市场需求，但盲目招收学生只会造成人力资源的巨大浪费，违背了发展高等职业教育的初衷。

※ 二、应用英语专业建设实施途径

1. 师资优化

目前，高职应用英语专业教师大都是英语语言文学专业出身。知识结构单一，不能满足人才培养的需要。为了弥补现有师资力量的不足，高职院校应积极聘请行业、企业专家来校上课或定期举办讲座。还要有计划地安排专职英语教师到企业锻炼，在真实的环境中体验、了解和熟悉工作岗位对知识技能的需求情况，创造条件与企业专家一起开发企业所需课程，共同制定教学大纲、确定教学内容。

2. 课程融合

将英语语言课程与外事、酒店（管理）、行政办公及商务文员方面所需要的知识技能模块课程进行融合。基础阶段以培养英语基本技能为目标，在此阶段主要的课程是英语听、说、读、写四项技能，然后逐渐融合不同岗位的职业技能。

3. 基地建设

应用英语专业学生应具有某一行业的实际操作能力，高职院校必须走校企合作之路，为培养学生的“实战”能力提供支撑。由于应用英语专业毕业生的社会需求面广而分散，以及学生的就业意向多元性的特点，校外教育实践基地的建设至关重要，而且要有一定的数量和不同的行业，以满足顶岗实习的需要。

4. 分向选课

从大二开始，根据应用英语专业学生的就业意向，在教师指导下，跨专业选择有关职业领域的知识性课程和专业技能实训课程。经过与其他系部协商，把学生嵌入其他班级跟班听课学习。在第二学年结束后，根据学生的就业意向，安排他们到星级酒店、外贸企业等单位进行分流顶岗实习。

5. 项目教学

项目教学是指师生通过共同实施一个完整的项目而进行的教学活动。就应用英语专业而言，以学习小组为单位让学生对涉外企事业工作活动展开调查，对其活动性质、内容、目标进行考察并对涉外事务的中英文资料进行采集。教师们应不断地进行教学改革探索，倡导师生之间积极互助、合作探究与共同发展。

第四节　旅游英语专业

旅游英语专业培养目标：培养具有良好的英语基础、旅游专业知识和组织活动能力，能胜任导游、翻译、领队、旅行社管理及其他涉外工作的高级技术应用型专门人才。

旅游英语专业核心能力：较好的英语语言表达能力，较强的组织和应变能力，能独立分析、处理导游过程中有关业务工作的技能。

旅游英语专业核心课程与主要实践环节：基础英语综合、英语泛读、英语视听说、英语口语、应用文写作、英文报刊选读、中国历史文化、中国旅游地理、旅游政策与法规、导游基础知识、旅游景点考察、旅行社业务见习、导游实习、毕业实习等，以及各校的主要特色课程和实践环节。

可设置的专业方向：旅游英语。

就业去向：旅行社及其他旅游企业接待部门。

中国是世界知名的旅游大国，这就需要旅游服务行业具有足够的人才。高职旅游英语专业是这类人才培养的重要阵地，但是目前高职院校旅游英语专业的建设还很难适应涉外旅游市场的需要。因此，要加大改革的力度，特别是要加强实践环节的教学，以体现职业院校的特色，使高职旅游英语专业人才能具备扎实的外语语言基本功和合格的职业技能，并具有一定的创新意识，为我国经济的发展作出必要的贡献。

※ 一、高职旅游英语专业的人才培养目标

旅游英语专业的教学目标是培养具有较高英语水平及旅游管理专业知识，熟悉中外历史文化，了解旅游经济规律、市场营销策略和旅游法规，具有良好沟通能力和组织能力，能以英语为工具从事旅游工作，且具有一定实践能力和创新精神的实用型、技能型人才。

高职旅游英语专业的目标就是培养具有扎实英语语言基本功、合格的涉外旅游技能的高技能型人才，包括英语导游、涉外旅游接待人员等。导游要有一定的跨文化意识，了解客源地国家的风俗文化。另外，毕业生还需具备创新意识，能灵活地处理突发事件。旅游服务业本身就充满变化，而涉外旅游工作中更是有许多可变的因素，旅游服务人员必须具备较高的综合素质和较强的应变能力，才能适应工作的需要。

※ 二、高职旅游英语专业存在的问题

1. 培养目标不具体，订单式培养难以落实

高职院校开设的旅游英语专业培养方向主要是英语导游和涉外旅游服务。但是，对于究竟要把学生培养成具有哪种素质、哪种能力的人才，目前还缺乏统一的标准。另外，体现高职院校办学特色的“订单式”培养方案难以真正落到实处，学校和企业在合作的过程中难以达成默契，这往往导致企业需要的人才学校没有培养出来，学校培养的人才不能对接企业岗位需求。

2. 课程体系重理论轻实践，不能学以致用

根据研究者调查，高职旅游英语专业课程体系中重理论轻实践的现象十分严重。教学重点还是放在提高学生英语语言能力方面，过于强调学生语言的规范性，缺乏足够的外语语言实践。课程体系中虽然也安排了一些实训课，开展了英语实践活动，但基本都围绕旅游业务话题而展开，这就使得学生在校期间难以学到适应涉外旅游岗位需要的技能。

3. 忽视学生非智力因素的培养

旅游服务行业的从业人员必须具有良好的人际交往、沟通能力，需要从业人员有较高的“情绪智力”，即情商。在高职教育阶段，学生都已成人，高职院校往往忽视了对学生非智力因素的培养，课程教学中在对学生的非智力因素培养方面往往关注较少。

4. 忽视学生创新意识和创新能力的培养

日常教学中，多年沿用一成不变的教学方法和手段，遵从传统的教育理念，传授传统知识；对学生的评价标准也是采用比较单一的模式，很少关注学生创新意识和创新能力的培养，以至于学生毕业后走上工作岗位时很难适应千变万化的市场需求。

※ 三、高职旅游英语专业人才的培养途径

高职院校培养的是从事生产、服务、管理等工作第一线的应用型人才，这就决定了高职旅游英语专业就是要把学生培养成“用得上,吃得开”的英语导游和涉外旅游服务人员。基于这样的要求，目前旅游英语专业教学中存在的问题应该从以下几个方面来进行改革。

1. 合理设置课程，优化课堂教学

高职旅游英语专业的课程体系和内容有其自身特点，课程内容要具有职业导向性。高职旅游英语专业的目标应定位在培养掌握旅游专业知识，具备英语听、说、读、写、译综合技能，尤其是口语交际能力的旅游英语人才。课程设置应该在重视对学生语言运用能力培养的基础上，确立以旅游职业岗位知识、技能为重点，以培养应用型人才为目标的原则。

2. 加强实践教学，落实培养目标

旅游英语专业要突出岗位技能的培养。改变传统的教学模式，把课堂教学和实践教学有机结合，尽可能地突出学习者的参与性、教学内容的实用性、教师作用的指导性以及教学方式的实践性，发挥学生的主体作用。通过组织有效的校内外活动来调动学习者的主动性和积极性，增强教与学的互动性。校内实践活动包括英语角、英语沙龙、英语演讲比赛、英语辩论赛、校园模拟英语导游等活动；校外实践就是和涉外旅游企业合作，让学生跟随外国旅游团在资深英语导游的指导下，亲身体验英语导游活动，或者到涉外旅游服务机构实习，锻炼和培养学生的外语能力和职业意识。

3. 强化学生服务意识的培养

高职旅游英语专业培养的人才服务于第一线，他们也是外国朋友了解中国、认识中华民族的一扇窗口。因此，毕业生除了要有扎实的业务功底和熟练的工作技能外，还需要具备较高的情商。非智力因素在其所从事的涉外导游和旅游服务工作中非常重要，它要求工作中必须诚实守信、热情大方、乐于助人、吃苦耐劳。

4. 重视学生创新能力的培养

旅游服务业是一个充满活力、充满挑战的行业。客源来自五湖四海，文化背景多种多样，服务方式更是动态变化的，因而旅游业呼唤创新型人才。创新能力潜藏在每个学生身上，只有在适宜的条件和环境下创新能力才会被激活。在日常教学中，要采用多种方法来启发和激活学生的创新意识和潜能，如组织外语演讲比赛、外语辩论赛、话题讨论、个人主题报告、讲故事、项目策划等活动。案例教学也是培养学生创新意识的重要途径，通过分析成功或失败的涉外旅游服务案例，让学生从案例的解决方案中体会到创新的必要性，享受创新的乐趣，激发他们创新的热情。

5. 注重“双师型”教师队伍建设

旅游英语专业的特点要求教师不仅要有扎实的外语语言功底，更要具备与行业有关的业务知识与基本技能，即“旅游＋英语”的复合教学能力（也就是“双师素质”）。由于旅

游专业是应用型、实践性很强的专业，培养“双师型”师资队伍，提高教师复合教学能力是非常重要的。“双师型”教师能很好地把握知识传授、能力培养和实际工作需要之间的关系，能敏锐地抓住行业发展的动向，使教学更加贴近实际，使毕业生迅速胜任岗位需要。高职院校要加强对现有教师的培训，有计划地安排旅游英语专业教师到旅游企业顶岗实习，掌握实际技能。还要聘请涉外旅游企业为教师提供短期培训，讲授涉外旅游市场的最新动态，或者到校兼职担任实践课教学任务，直接对学生进行实际工作技能培训。

6. 结合地方特色，开发校本教材

结合地方旅游资源的特色，开发校本教材，这也是职业教育服务地方经济的体现。校本教材能激发学生学习的热情和求知欲望，也能为实习实训工作提供便利。校本教材应该与时俱进、动态建设，在使用过程中不断丰富和完善。

高职旅游英语专业是发展前途广阔、需要不断改革和创新的朝阳专业。教师要向行业学习，向市场学习，注重来自旅游行业第一线的信息，把课程设置、教学理念、教学方法、校本教材建设、教师专业发展等工作置于动态发展的环境中去思考。既要抓好外语语言基础教学，又要抓好旅游专业技能培养，加大实践性教学改革的力度，培养出涉外旅游服务业所需要的高素质技能型人才。

第五节　英语教育专业

英语教育专业培养目标：培养掌握英语教育的基本理论、基础知识与基本技能，具有初步英语教学研究能力和应用能力的英语教师。

英语教育专业核心能力：了解教育的基本理论与方针政策，具有较强的英语语言能力和组织教学活动的技术能力。

英语教育专业核心课程与主要实践环节：英语精读、英语泛读、英语听说、英语语法、英语语音、教育原理、教育心理学、英语教材教法、英语教学研究、现代教育技术、英语写作、英语教学实习、毕业实习等，以及各校的主要特色课程和实践环节。

可设置的专业方向：英语教师。

就业方向：小学教师、初中教师。

从 2003 年开始，随着中等师范学校的逐渐停办和转型，我国基本实现了三级师范向二级师范的过渡。目前，全国只剩下为数不多的高等师范专科学校、高等职业院校和部分具有师范民营教育培训机构，每年也要吸纳一批英语教育专业的毕业生。对于报考高职高专院校的学生来说，英语教育依然是具有较大吸引力的热门专业之一。

随着教育理念的更新和现代教育教学技术的发展，基础外语教育迅速发展，给承担小学英语师资培养任务的师范院校英语教育专业带来了极大的挑战。

※　一、基础英语教学的发展趋势

1. 教学目标多元化

要注重语言学习与知识建构以及情商培养之间的关系，促进教学目标多元化发展。

2. 教学模式多样化

建立多样化的教学模式，提高学生的英语语言能力。

3. 课程评价多元化

从单一的针对语言知识掌握程度的知识性测试向关注学生综合运用语言能力的多样化评价方式转变，从单一的终结性评价向与形成性评价相结合的评价方式转变，关注学生在学习过程中的态度、参与的积极性、努力的程度、交流的能力以及合作的精神等。

4. 课堂教学全英语化

在英语课堂组织教学中尽可能使用英语，做到课堂英语化，有利于降低对母语的依赖。使用全英语教学，可以培养学生的语感，增强学生对英语这门语言的敏感程度。

5. 教学资源多样化

新的英语课程强调多样性的课程资源对英语学习的意义，强调通过开发和利用课程资源，使学生尽可能多地从不同渠道、以不同形式接触和学习英语，积极地利用和开发其他课程资源，为学生自主学习创造条件，从而促进学生的有效学习。

※　二、英语教育专业建设思路

1. 制定切实可行的专业建设目标

相对于本科院校的英语专业（教育方向），高职高专院校的英语教育专业建设有其自身的特点。英语教育专业是为了培养适应小学英语教学活动需求的高技能型教育工作者，专业建设目标必须体现“学术性”“专科性”和“职业性”三大特点，专业建设内容必须涵盖培养方案、课程建设、师资队伍、评价与考核机制、实践教学体系等涉及人才培养的所有环节。

2. 完善实践教学模式

英语教育是一个实践性很强的专业。实践教学是教师培养体系中极其重要的一个环节，定期安排学生到小学和进行教育教学见习与实践，验证所学的教育理论，在实践中训练和提高教育教学技能，解决所学的教育理论与教育实践之间的脱节以及从教后教学经验不足以及教学成效不佳等问题。

3. 重建课程体系

从目前的形势来看，在高职英语类专业中，英语教育专业的就业形势是最为严峻的。其主要原因是普通师范院校每年有大量英语（教育方向）的本科生毕业，他们在语言能力上具有一定的优势，为了扬长避短使得高职英语教育专业在激烈的职场竞争中赢得一席之地，重建英语教育专业的课程体系十分必要。

课堂教学应以学生为主体、教师为主导，改变过去以教师为中心的教学模式。教师的作用主要在于成为学生学习过程中的引导者、合作者、鼓励者和咨询者。无论是教育教学技能还是英语专业技能的提高，都要通过大量的练习才能实现。所以，教师应当尽可能多地给学生足够的思考时间、活动空间以及表现机会，让学生大胆尝试，最大限度地激发学生的学习动机、调动学生学习的积极性，让学生参与知识掌握和能力形成的全过程。

第六节 特色专业建设

目前部分高职院校专业建设还存在一些问题，如专业设置对社会发展的需求论证不够，与国家经济、科技、社会发展对高素质人才需求的适应能力不强，部分专业建设水平不高，有广泛社会影响和鲜明办学特色的专业不多等。因此，如何创建特色专业就显得尤为重要。在英语教学中要贯彻落实教育部教学质量工程，推动高职院校加强专业建设，深化人才培养模式改革，培养学生的实践能力和创新能力，提升高职院校办学水平和教育质量以增强高职院校生命力。

本节将基于对中外合作办学背景情况的介绍和对高职特色专业建设内涵的解读，以安徽某科技职业学院商务英语专业为例，从专业建设措施和成效两个方面阐述中外合作共建特色专业的可行性，并对现阶段该专业发展所面临的新问题进行分析与思考。

近年来，我国经济发展驶入“快车道”并迅速融入全球体系，利用经济全球化带来的历史机遇，实施中外合作办学，引进优质教育资源，学习先进的模式和理念，调整教学内容，改进教学方法和评价手段，对于提高我国高职教育的办学水平和人才培养质量，满足人民群众多样化的教育需求起到了积极的推动作用。2003 年颁布的《中华人民共和国中外合作办学条例》明确指出：国家鼓励在高等教育、职业教育领域开展中外合作办学。《国家中长期教育改革和发展规划纲要（2010-2020 年）》对中外合作办学进行了总体规划：适应国家经济和社会对外开放的要求，培养大批具有国际视野、通晓国际规则、能够参与国际事务与国际竞争的国际化人才。教育部《关于推进高等职业教育改革创新引领职业教育科学发展的若干意见》再次强调各地要鼓励和支持高等职业学校加强国际交流与合作，提高我国高职教育的国际影响力。高等职业学校要服务于国家“走出去”的战略，服务于大型跨国集团和企业的境外合作。

※ 一、高职特色专业建设

专业特色是指某一专业在共性基础上经过长期的办学实践逐步形成的、相对稳定持久的个性。专业特色至少具备三个条件：第一，经过长期积淀提炼出来的稳定特点；第二，能够对教学质量的提高发挥重要的作用；第三，被社会及专业同行认可，成为专业的独特品牌。其主要特点可以概括为“人无我有，人有我优，人优我新”。

高职特色专业的专业特色主要体现在两个方面：其一，专业建设目标、培养模式、课程体系与教学内容、实践教学、教学设计与教学方法、师资队伍、社会服务等方面形成独特的风格；其二，学生的培养质量优于其他院校该专业学生，并得到广泛认可、具有较高的社会声誉。

专业特色反映了专业与众不同的个性特征和独特的竞争力，特色专业是一所学校办学实力的构成要素之一。强化特色专业建设，是高职院校在生源竞争日益加剧的新形势下求得生存和获得可持续性发展的战略手段。教育部《高等职业院校人才培养工作评估方案》（教高〔2008〕5号）的指标体系是从建设目标、培养模式、课程体系与教学内容、实践教学、教学设计与教学方法、师资队伍、社会服务这七个方面来对专业特色进行考量，这也为高职特色专业内涵建设指明了方向。

※ 二、案例描述中澳合作商务英语专业

为更好地培养适应区域经济发展需求的应用型人才、探索适合本省高等职业教育国际化需求的中外合作办学模式，安徽某科技职业学院于1998年开始引进澳大利亚职业教育资源，依托商务英语专业培养外向型商务管理人才，是安徽省首家同国外政府间签署的中外合作办学项目。澳方合作学校是西澳洲中央TAFE学院，专业为商务管理。学生完成双方所有课程学习并经考核合格，毕业时将同时获得澳方颁发的商务管理高级文凭和中方颁发的商务英语大专文凭，简称“双文凭”。旨在培养具有良好的英语语言功底和跨文化交际能力，掌握国际贸易和涉外商务管理基础知识和基本技能，面向涉外服务性企业、外向型生产企业、外贸企业、外资企业、合资企业等工作领域，能初步胜任外贸业务操作、营销与客服、行政事务管理、人力资源管理、商务翻译等岗位的高素质技能型人才。

TAFE教育的最大特色就是“以能力为本位、以职业为导向”，注重培养学生的独立思考习惯、学术探究以及人际交往能力，全面提升学生的职业技能和综合素质。商务英语（中澳合作）专业的开办一方面可以满足国内企业对外向型商务管理人才的需求；另一方面，也为学生后续的发展创造条件。经过多年的探索和积累，逐渐形成了“外向型”“国际化”“多证书”和“强服务”等办学特色。2010年12月，该专业被安徽省教育厅批准为省级特色专业建设点。

※ 三、建设措施

（一）创新培养模式彰显专业特色

构建“以商务（Business）为背景、以英语（English）为基础，以能力（Competence）为核心，以实践（Practice）为主线”的BECP人才培养模式，以TAFE课程为重点搭建“面

向岗位的岗位特定能力、面向行业的行业关键能力、面向社会的职业通用能力”三重能力课程体系架构。课程体系融中方商务英语专业和澳方商务管理专业课程为一体，包括公共基础课、专业基础课和专业课以及 TAFE 课程，完全体现了“课程融合”的原则。将课程内容与职业标准相衔接，增强了职业教育的灵活性、针对性和开放性。

坚持以学生为中心，教学内容贴近未来岗位需求，注重实用，学用一致；专业课尽量选用原版教材，力求毕业生知识能力与国际人才需求接轨，建立具有“中澳”特色的课堂教学模式；实行学历证书和职业资格证书（中国国际商务英语证书、澳大利亚 TAFE 证书等）“双证书”制度。深化专业教学改革，突出“语言能力 + 国际商务管理知识 + 综合实践技能”。

（二）深化教学改革，奠定质量基础

TAFE 教育的核心理念是“以学生为中心，以能力为本位”。商务英语（中澳合作）着力于培养学生听、说、读、写、译等核心语言技能和参与、运作涉外商务活动的职业技能以及发现、提出问题和分析解决问题等通用能力，全面培养学生的综合素质。本着“国际化”与“中国国情”相结合的原则，兼顾学生的不同需求，专业教学改革主要从以下两个方面入手。

1. 改革教学方法，促进自主学习

在课堂教学中，教师采取讲授、分组研讨和实践体验等多环节叠加的方式，并选用贴近生活的实例来形象地介绍基本概念，充分调动学生的学习兴趣和自主性；综合运用分组活动、案例教学、角色扮演、归纳报告和企业调研等多种方法，使学生全程参与并融入教学活动之中。

2. 完善评价手段，强化质量监控

TAFE 课程强调“以能力为本位”，实行多元化、全程化考核，考核结果分为具备能力或不具备能力，所有课程考核的内容都以课程标准所规定的能力要求为指导，并综合运用采用口试、笔试、书面报告、团队练习与评估、案例分析、模拟面试与访谈、调研、商务实战等多种方法。

（三）加强实践教学，提升综合素质

对于商务英语（中澳合作）专业的学生来说，无论是语言技能还是管理实务，都必须建立在大量实践的基础之上。实践教学是高职教育培养能直接在生产、建设、服务和管理第一线开展工作的技能型人才的关键环节。

本专业以职业能力的培养和综合素质的提升为核心来设计实践教学计划，在课时安排、教学内容、教学方法上进行大胆改革，使实践课占总课时的比例超过 50%。实践教学由校内课程实训、校外顶岗实习和拓展实践活动组成。校内课程实训主要针对语言技能（听、说、读、写、译）和商务技能（外贸、营销、财务、客服、团队合作、会议管理和人力资源管理等核心能力）。第五学期特设商务技能实训周，对学生进行为期一周的学习前强化训练。从 2009 年暑期开始，还特地引进了美国海外实习项目，每年选派部分优秀学生去美国工

作实习 3 个月。第六学期，没有升学需求的同学全部参加校外顶岗实习。拓展实践是通过校园文化活动来提高学生综合素质的有效方式。如外语文化节、外文 K 歌大赛、英语角、圣诞晚会、外国文化讲座、企业文化进校园、口语技能大赛等。

（四）打造一流师资，铸就人才优势

引进一批具有海外背景和“双师素质”的教师，建设一支专兼结合、素质优良、结构合理、数量充足、业务精湛、团结协作、富有创新精神和实践能力的“国际化”教学团队。

根据合作办学协议，澳方不仅每年要选派 2 名教师来华承担三分之一专业课程的教学任务，还要负责培训中方合作院校的 2 名教师。

例如，自 2006 年起，安徽某科技职业学院分批次选派部分英语基础好、业务能力强的青年教师去合作院校学习与研究 TAFE 课程教学要求，观摩现场教学，并接受相关技能的培训和考核。这一举措一方面充实了中澳合作办学项目的师资力量，使合作办学的教学质量有了符合澳方要求的师资保障；另一方面，出国学习不仅使经过培训的教师对 TAFE 模式教学理念和方法有了清晰而准确的把握，而且还带动了老师树立新的职业教育理念、不断改进教学方法。同时，为了实现职业教育“零距离”上岗的目标，还聘用部分来自企业一线、具有丰富实践经验的管理人员作为兼职教师，来从事实践教学和指导工作。

（五）优化管理机制健全运转体系

严格按照《中华人民共和国中外合作办学条例》以及合作双方的教学管理规定，中澳学院应加强对教学环节的规范管理和办学质量监控，定期开展教学检查和评估，认真扎实地安排好每一个教学环节，不断提高教学质量。学院需成立由院领导、教务处和合作项目承办单位组成的中外合作办学教学工作委员会，负责制定管理章程和规则，充分发挥其在教学管理中的指导决策作用。学院推行教研例会制度，建立中外教师业务档案，尤其关注对青年教师的培养和管理。较之其他专业，中外合作专业的学生管理有着一定的复杂性，而学院推行“导师制”，不失为一种提供“贴心服务”的行之有效的做法。

鉴于中外合作办学的特殊性，为了提高运转效率，学院还应优化整合部门职能——将原先设在教务处的外事办公室调整到合作项目的主要承办单位——外语系。承办单位具体负责合作项目管理，同时也兼顾学校外事活动的安排以及外籍教师的招聘与服务等日常事务。这种机制有利于统筹安排全校的外事活动和国际合作项目，大大提高了工作效率。学院还可以成立国际交流中心，由学院主要领导担任主任，负责协调指挥与资源调配。

※ 四、建设成效

（一）人才培养模式特色鲜明

在人才培养的基础上，学院坚持以就业为导向，兼顾学生学业发展，经过多年的内化吸收，凝练成“融通中外、课证一体、双能并重”的涉外商务管理人才培养模式。在具体

实施环节，力争做到就业与升学兼顾、职业性与学术性统筹、英语能力和商务实操能力同步推进。在已有的职业教育合作办学项目基础上，拓展了与澳大利亚南澳大学、英国格拉摩根大学等国外综合性大学之间的合作，使学生出国留学的之路更加通达顺畅，学院还尝试实行海外实习和就业一体化模式，进一步增强毕业生就业竞争力，搭建学生成才的立交桥。

（二）人才培养质量稳步提高

多名同学在全国大学生英语竞赛、安徽省高职高专英语口语大赛以及“外研社”演讲比赛等省内外重大比赛中多次获奖。从职业能力来看，近 90% 的同学获得澳大利亚 TAFE 学院商务管理高级证书，很多同学还同时取得了外贸单证员证书、外贸业务员证书和国际商务英语证书。从就业质量来看，依靠良好的国际商务背景和熟练的英语听、说能力，绝大部分同学找到了满意的工作，部分优秀毕业生还成功实现了境外就业的梦想。此外，还有多名学生顺利通过雅思考试。

※ 五、问题与对策

（一）管理方面

中外合作办学是一个复杂的系统工程，与其他二级教学管理单位相比，承办机构要应对的管理事务和特殊情况可谓错综复杂，但运行还是要按照学校既定的管理程序。另外，二级机构的人事权、利益分配权等都集中在学校层面，而中外合作办学事务繁杂且责任重大，激励、考评等制度都沿用传统模式，导致责、权、利不匹配。

对策：实行一把手负责制，学校主要领导直接负责合作项目运行，简化流程，理顺关系；建立激励机制，提高承担中外合作项目建设、管理和教学任务人员的待遇；面向全体教职员工，加强国际理解教育，培养国际交流意识，营造国际合作氛围。

（二）生源方面

承担合作办学项目的学校在办学层次、地域和类别上存在明显差异，由此不可避免地影响到教师的授课进度、教法选择和讲授内容。不同英语水平的学生在同一条件和环境下学习，基础较好的学生会由于按部就班的课堂教学而影响学习进程；起点较低的学生则会由于跟不上教学节奏而倍感压力。

对策：调整教学模式，采用分级教学。根据入学英语成绩把学生编入不同层次的教学班，尽可能实行小班教学。对于基础好的学生，英语教学要与雅思考试接轨，全方位强化其听、说、读、写能力；对于低起点的学生，教师要设法重建其对英语学习的兴趣和自信心，还要加强学习方法指导，帮助他们迎头赶上。

（三）发展方面

我国高职院校的中外合作办学起步较晚，目前还处在从引进期到成长期的过渡阶段，建立品牌、提高质量是现阶段的主要任务。然而，近几年，特别是《国家中长期教育改革和发展规划纲要（2010—2020年）》颁布以后，很多高职院校认识到教育国际化的重要性，掀起中外合作交流热潮，纷纷申报合作办学项目。

对策：中外合作办学基本规律有两条。其一，必须适应和服务于国家改革和发展的大局。其二，必须适应和服务于学生的发展和成长。对于中外合作项目的申报，主管部门要进行严格论证，稳步推进；同时做好宏观调控，避免重复建设；还要通过中外合作项目办学水平评估，加强质量监控，营造健康、有序、可持续发展的新局面。

第七节　高职课程设置概论

※ 一、什么是课程设置

课程设置是指各级各类学校开设的教学科目、教学时数及其开设的先后顺序的计划和安排的总和。课程设置必须符合培养目标的要求，它是培养目标在课程计划中的集中表现。各门课程之间要衔接有序，使学生通过课程的学习与训练，获得某一专业所具备的知识与技能。

高职教育课程是指高职教育课堂教学、课外学习以及学生自学活动的总体规划。在高职教育课程的设置中，要使课程设置形成一个完整的系统。

课程设置是高职院校培养高技能型人才的总体规划，是达到培养目标所要求的教学科目及其目的、内容、进度和实现方式等在总体规划中的集中体现。高职教育的课程体系应以就业为导向，以市场需求为基础，根据企业、行业、职业、岗位的要求，设计课程结构体系，要始终围绕学生的工作岗位定位和职业能力的有机衔接，确定能力培养目标，使学生获得职业经验，最终达到就业目的。

职业教育课程应以“职业群”对素质、知识、能力的共同需求为出发点，以职业素质和职业能力培养为主线，在教学中发挥促进学生的就业能力、促进学生的智力发展、促进学生的人格完善的三大功能。

※ 二、高职课程设置的理念与原则

（一）理念

1. 动态性

由于高职院校受经济发展、产业结构和社会需求的影响较大，其能否生存和发展取决于教学内容是否能随社会、经济和技术的发展做出相应的调整。而课程设置直接影响高职教育的内容。课程设置不能一成不变，应在保持相对稳定的前提下，根据市场发展的动态，预测市场对该行业人才知识、能力和素质结构要求的变化，与时俱进地做出相应调整，使课程设置能够适应市场需求。

2. 整合性

专业课的设置要立足于市场经济条件下人才的职业流动性和多岗位就业的实际，着眼于培养学生较宽的专业知识和技能，拓宽专业口径，扩大专业知识的覆盖面，力求“复合”。课程设置要做到科学合理、有机整合、删繁就简、削枝强干，实行模块组合，释放更多的学习空间。

3. 创新性

高职教育要为社会经济服务，适应职业活动特点，满足学生创业立业的要求，必须在课程设置上有所创新，走“专”“特”“新”的路子，以职业为导向，根据社会经济、劳动力市场、岗位职能等对课程的需求，努力开发新的课程体系，实现以创新求发展的思路。

4. 超前性

紧跟时代步伐，贴近市场办学，正确处理现代知识与传统知识的关系、现代技术和传统技术的关系，把握相关专业的最新理论与发展动态，及时更新课程内容，增设新的课程和新的实训项目。努力使课程设置跟上时代步伐和技术发展，充分体现专业的新知识、新技术、新工艺、新方法，打破陈旧的课程内容的束缚。

（二）原则

1. 开放性

要求课程体系的设置具有一定的弹性和灵活的调整机制，能对整个社会的经济、科技的发展与市场需要做出快速反应，及时反映社会需求的变化，及时进行课程的更新。

2. 适用性

高等职业教育课程的开设方向与职业岗位密切相关。其专业定向贴近社会生产实际和职业分工，以就业岗位所需要的技能为参照，力求“按岗定课”“岗课一致”，培养技能型应用人才。

3. 个性化

由于高职院校生源能力参差不齐，学生在学习过程中表现出较大的个性化差异。高职课程设置应充分考虑受教育者当前学习水平的差异和将来多次就业、转岗的需要来设置课程，使其能够按照不同的职业方向个性化成才。

4. 实践性

高职教育的实践性具有智力性和创新性特点，这就要求高职课程设置坚持职业性和应用性，突出职业性技能培养，高度关注认知性实习、专业技能训练、毕业设计、顶岗实习等实践环节，全面增强学生的职业能力和岗位适应性。

※ 三、高职课程设置的特点

美国职业教育研究者将职业教育课程的特点归纳为：定向性（Orientation），直接面向生产或就业；适应性（Justification），基于特定地区的特定职业需求；针对性（Focus），直接帮助学生形成广泛的知识、技能和良好的态度与价值观，增强学生的就业能力。

国内著名学者姜大源先生将职业教育课程的特点归纳为以下几点。

1. 定向性

首先，职业教育的培养目标是生产第一线从事操作、服务、管理的应用型人才，必须根据各个职业领域基本职业活动确立课程目标；其次，高职课程体系需要体现地区、行业特色，具有地区、行业定向性。

2. 应用性

课程内容强调直接经验的获得，强调职业技能训练，课程所传授的重点是能在生产、服务中直接应用的知识、技能和态度。

3. 整体性

现代职业教育力图构建一个由课程实施和评价组成的完整的教学活动体系，这种整体性特征实际上是职业活动系统（包括计划、实施、评价）整体性的反映。

高职院校主要的办学目标之一是服务于地方经济，为适应地方经济建设提供具有实际操作能力的技能型人才，而区域特色又决定了各个地方经济所需要的人才能力的差异性。因此高职院校没有必要形成带有模式化的课程设置方案，构建各具特色的课程设置方案才是彰显职业院校办学特色的明智之举。高职院校的课程设置如何进行调整才能更好地服务区域经济发展，同时又符合于高职院校自身的定位呢？其具有普遍性意义的原则就在于，把专业面向的岗位中所需要的能力进行分解，作为课程设置的依据和前提。

高职教育要培养服务于地方经济建设、适应企业发展需要的实用型、技能型人才，其重点在于使学生掌握工作岗位所需要的技能。因此，能力培养尤其是实际操作能力的培养，是高职院校教学工作的最终目标和任务。

高职教育具有很强的职业导向性：人才培养的层次明确——培养实用型、技能型应用人才；毕业生今后的工作方向明确——面向基层、面向生产和服务第一线。因此，如何设置符合现代社会需求的高职专业课程，对于提高高职院校人才培养水平具有重要的现实意义。

※ 四、高职课程设置的要求和依据

课程设置是一项系统工程，其目的是为构建学生完整的知识结构和能力结构服务。在高职教育课程设置中，知识结构和能力结构的设计必须合理匹配，不能偏废。按知识结构设置课程，要体现基础理论，突出核心课程，反映出一定的知识覆盖面，为学生的可持续发展服务；按能力结构设置课程，要体现高职教育特色，加强专业技术课程，开发隐性课程，注重培养学生的自学能力、创新能力、创业能力等。

原国家教委在《关于高等职业学校设置问题的几点意见》中对高职课程设置的要求是："基础课可按专业学习要求，以必需和够用为度，实践教学课时一般应占教学计划总课时的 50% 左右，实训课的开课率在 90% 以上。"

高职教育的课程设置结构模式的总体思路是：以适应社会需求为根本，以技术应用为主线，以培养目标所对应的职业群为基础，以人的全面发展为目标，从"范围"和"深度"去把握高职教育课程设置结构的三个层次（宏观、中观、微观），科学合理地构建课程体系。

高职教育的特点在于面向职业岗位培养人才，人才的知识与能力结构要与行业、企业要求及相关的职业岗位技术标准相适应。因此，高职院校所培养的人才知识结构除了本专业的基本知识、基础理论之外，更为重要的是能够满足岗位技能需求。

第八节　高职公共英语课程设置

※ 一、课程设置的理念

杨黎明教授指出："高等职业教育的公共基础课程和普通教育的公共基础课程不尽相同，高等职业教育的公共基础课程同时承担着双重功能，一方面它要为学生人文素养提升做出贡献，另一方面它又要为学生专业课学习提供支持。"作为培养和造就各类专门人才的重要基础课程，要完成以就业为导向、培养学生面向实际工作岗位的基本技能的根本任务，高职英语课程设置应该树立以人为本、以能力为本的理念，注重实践技能培养，为专业服务，面向专业需求；要促进学生在教师指导下主动地学习，使学生成为知识的主动建构者，具有终身学习的能力。

（一）以人为本，因材施教

高职英语课程应本着"以人为本、承认差异、发展个性、着眼未来"的原则，根据学生的英语基础因材施教，在目标设定、教学过程、课程评价和教学资源的开发等方面都突出以学生为主体的思想，尊重学生的个体差异，教学活动有的放矢，真正达到激发学生的学习兴趣、提高学生语言能力的目的。

（二）实用为主、够用为度

根据《高职高专教育英语课程教学基本要求》和《高等学校英语应用能力考试要求》，英语课程本着"实用为主、够用为度"的原则，在教学中正确处理听、说、读、写、译之间的关系，克服高职学生羞于开口的心理障碍，培养学生的语言实际运用能力，为社会培养高素质、高技能的应用型人才。

（三）推行"项目化"与"任务型"

以职业能力为主线，以实践过程为导向，以具体项目为载体，将任务训练贯穿于教学全过程。英语课程以培养学生的英语实际应用能力为目标，将职业能力所要求的应知应会内容融入课程中，倡导任务型教学模式，让学生在教师的指导下，通过感知、体验、实践、合作等方式参与课堂活动，调动教师和学生两个方面的积极性，真正体现学生的主体地位，发挥教师的主导作用，改善高职公共英语课程的教学效果。

（四）培养自主学习与终身学习能力

课堂讲练与自主学习相结合，培养学生的自主学习能力和终身学习能力。高职英语课程必须重视语言学习的规律，强调语言基本技能的训练和培养实际从事涉外交际活动的语言应用能力并重；鼓励学生充分利用业余时间进行自主学习，形成适合自己的英语学习方法，培养自主学习和终身学习的理念，为将来的可持续发展提供保障。

※ 二、课程设置的思路

高职公共英语教学承担着提高学生的英语应用能力、服务专业学习和培养人文素养三大功能。在内容深度上，遵循“以应用为目的，以必需、够用为度”。在内容体系上，按专业需求设计课程模块，模块间互相独立，形成“基础英语＋行业英语”的教学体系。以能力培养为切入点，开发和应用高职英语网络化教学平台，引导学生利用网络平台自主学习、自我提高，使不同层次、不同类型的学生能各得其所、各取其需、各获其益，从而满足高等教育大众化条件下不同智能结构个体的学习需求及专业需求。

课程设置的意图：体现高职英语的基础作用，为学生的专业学习提供必要的支撑和保障；满足不同专业对英语知识和能力的特殊需求，为学生的专业学习服务；促进学生英语应用能力的提高。具体来说，分为以下五个方面。

（一）在课程目标方面

要改变过于注重语言知识传授的倾向，强调在帮助学生获得语言知识、语言技能和综合运用语言能力的同时，发展学生的心智与情感，形成正确的人生态度与价值观，提高学生的综合人文素养。

（二）在课程模式方面

要改变过于注重应试和结构单一的倾向，强调满足不同学生的就业选择、升学深造以及个人兴趣和发展的需要，体现英语课程结构的基础性、多样性和选择性。

（三）在课程内容方面

要改变过于注重书本知识的倾向，强调英语课程内容与学生生活、现代社会和科技发展的密切联系，关注学生的学习兴趣和经验，精选终身学习所必备的基础知识和基本技能。

（四）在课程实施方面

要改变过于注重接受型学习和机械性训练的倾向，强调引导学生形成主动参与、乐于探究、勤于动手的学习方式，着重培养学生用英语搜集和处理信息的能力、获取新知识的能力、分析和解决问题的能力以及交流与合作的能力。

（五）在课程评价方面

要改变过于注重学业成绩的倾向，强调科学性、鼓励性和发展性等原则，发挥课程评价在促进学生全面发展方面的功能。

这五个改变，归根到底，就是要促进学生知识、能力、态度和情感的和谐发展，使他们成为兼备高尚品德与聪明才干、创新精神与实践能力，具有鲜明个性且善于合作的新型人才。

※ 三、课程定位

（一）课程性质

根据教育部《面向二十一世纪深化职业教育教学改革的原则意见》等文件精神，高等职业教育的英语课是一门必修的公共课。从全面提高学生的综合素质来说，英语课无疑是一门不可缺少的基础课；从增强学生的综合职业能力来说，英语课又是一门重要的工具课。针对高职院校学生英语水平现状，如何进行英语教学改革，如何培养学生的英语能力，如何让英语课程的开设为学生就业拓宽渠道，如何在“以就业为导向，以服务为宗旨”的背景下为加大课程改革力度提供支持，是摆在教师面前亟待研究的重要课题。

高职英语是高等职业教育体系中一门重要的基础课程。英语课程传授必要的语言知识，培养学生使用英语进行人际交往和对外技术交流的能力，同时也指导学生掌握英语自主学习方法，培养他们的逻辑思维能力以及主动学习的意识和合作精神，为培养适应社会需要的高等技术应用型人才服务。学生完成学习任务后，也应具备一定的英语知识和技能，具备较强的阅读能力，能够翻译一般技术性资料、写作常用应用文，并为今后进一步学习和运用英语打下较为扎实的基础。

（二）课程作用

作为高等职业教育的一门公共基础课和专业基础课，高职英语课程的作用是：

1. 培养学生的语言能力

如何结合各专业特点，让英语能力成为“一专多能”中的“一专”或者“多能”中的“一能”，是英语课程改革的方向。高职英语课程的教学改革要努力促进学生英语综合能力特别是交流能力的形成，为学生的发展打好基础。

2. 服务学生的专业学习

使学生在原有英语水平的基础上，进一步提高英语应用能力，掌握本专业和相关专业技术领域职业岗位所必需的英语技能，强化听、说、阅读、翻译等方面的基本能力，使其有效地服务于专业课程的学习。

3. 面向学生的终身发展

从英语课程的基础性出发，提升学生的人文素养，向学生传授思考和处理实际问题的思想和方法，为学生适应未来社会发展提供素质和能力基础，促进学生自主学习、交流表达、自我提高、与人合作、解决问题等核心能力的持续发展。

※ 四、课程教学内容

（一）课程的内容与基本要求

高职高专英语课程教学应以《高职高专教育英语课程教学基本要求》（以下简称《基本要求》）为依据，在词汇、语法、听力、口语、阅读、写作和翻译等方面达到《基本要求》所规定的指标。根据学生入学时的英语水平，尊重个体差异，实施分层次教学、差异教学，对基础较差的学生可适当增加语法、语音等方面的基础教学内容。在实施教育教学的过程中，教师要始终贯彻“培养应用型人才”的教育方针，明确“以应用为目的，实用为主，够用为度”的教学方向，秉承“打好语言基础，培养应用能力”的教学宗旨。

（二）课程的重难点及应对办法

高职英语课程是一门语言基础知识和技能并重的基础课，教学的主要目标在于培养学生英语综合应用能力，特别是听说能力，高职英语教学的重点和难点就是促进语言知识向语言技能的迁移。主要从以下几个方面进行探索和实践。

1. 转变教学观念

倡导“以学生为中心，以培养能力为重点，全面提高学生的文化素质”的教学思想，突出学生的参与性、教学内容的实用性和教学方式的实践性。以学生为主体，在关注群体发展目标的同时，重视个体差异，为学生提供个性化的学业帮助。

2. 改革教学模式和方法

通过了解、分析高职学生英语学习的心理特点和学习规律，加强学习方法指导。课堂上积极调动学生的积极性，鼓励他们参与课堂活动。采用以“学生为中心”的教学模式和方法，安排形式多样的课堂活动，使学生在听、说、读、写、译等多方面综合发展。同时鼓励学生掌握学习方法，转变学习角色，变被动学习为主动学习，参与课内、课外英语学习活动。

3. 改革教学手段

将现代信息技术、多媒体技术和网络技术引入外语教学，可以极大地促进高职英语教学在教学思想、内容、过程和方式等方面的根本变革，有助于培养信息社会所要求的、具有高水平外语语言运用能力的人才。更重要的是，运用多媒体教学手段能增加课堂信息量和学生接触声音、图像的机会，使语言学习更直观，能拓宽学生视野和知识面，还有利于克服目前存在的应试教育的不良倾向；利用网络学习平台可以加强师生，学生之间的交流互动，增加学生的语言输出量，提高语言使用能力。

4. 建立有利于英语学习的校园环境

努力创建一种全方位的英语学习环境。在这种环境和氛围中，从大一开始就让学生有计划、有安排、有指导地参与语言学习和语言实践的自主学习和第二课堂活动，使他们有目的地进行语言技能的训练，注意发展自身的某一种或多种技能，把学习过程变成在教师指导下的自我发展过程，为以后进一步的语言运用打下坚实的基础。

（三）实践教学的设计思想与效果

高职公共英语的主要教学目标就是培养学生运用英语进行交际的能力，它是一门以语言知识习得为基础、以语言能力培养为目标的实践性很强的课程。但由于课时有限，仅仅依靠课堂教学来实现语言知识转化为语言技能的目标显然是不现实的，而且难以得到全面巩固、内化和吸收。因此，高职英语实践教学体系的建立非常重要。

1. 实践教学的设计思想

实践教学的设计要基于学生英语综合应用能力的培养，特别是听、说、译等能力。实践教学的目标在于培养学生自主学习能力以及提高学生综合文化素养，以适应我国社会发展和国际交流的需要。实践教学的设计始终突出学生的主体地位，灵活运用多种先进的教学方法和教学手段，有效地调动学生的学习积极性，促进学生的积极思考，激发学生的潜能，注重对学生知识运用能力的考查。

2. 实践教学的组织形式

实践教学包含多种组织形式，如英语演讲、角色扮演、短剧表演、网上英语讨论、导游实践、英语读书报告会、英语演讲比赛、英语晚会、英语角、英语讲座、社会调查等。

3. 实践教学的效果

丰富多彩的实践教学活动，能为学生创造更多的互动交流的机会，营造良好的英语学习环境与气氛，激发学生学习英语的积极性。通过参加各种实践活动，学生的自主学习能力可以得到明显加强，语言实际应用能力得到明显提高，还可以培养学生发现问题、分析问题和解决问题的能力。

（四）对学生能力培养的要求

掌握实际使用语言的基本技能，特别是使用英语处理日常和涉外业务活动的能力，能正确处理听、说、读、写、译之间的关系，各项语言能力协调发展。

在具体教学中，教师可参照以下内容对学生提出不同的要求。

1. 词汇

A 级：认知 3 400 个英语单词（包括入学时要求掌握的 1 600 个词）以及由这些词构成的常用词组，对其中 2 000 个左右的单词能正确拼写，英汉互译。学生还应结合专业英语学习，认知 400 个专业英语词汇。

B 级：认知 2 500 个英语单词（包括入学时要求掌握的 1 000 个词）以及由这些词构成的常用词组，对其中 1 500 个左右的单词能正确拼写，英汉互译。

2. 语法

A 级和 B 级：掌握基本英语语法规则，在听、说、读、写、译中能正确运用所学语法知识。

3. 听力

A 级：能听懂日常和涉外业务活动中使用的结构简单、发音清楚、语速较慢（每分钟 120 词左右）的英语对话和不太复杂的陈述。

B 级：能听懂涉及日常交际的结构简单、发音清楚、语速较慢（每分钟 110 词左右）的英语简短对话和陈述。

4. 口语

A 级：能用英语进行一般的课堂交际，并能在日常和涉外业务活动中进行简单的交流。

B 级：掌握一般的课堂用语，并能在日常和涉外活动中进行简单的交流。

5. 阅读

A 级：能阅读中等难度的一般题材的简短英文资料，理解正确。在阅读生词不超过总词数 3% 的英文资料时，阅读速度不低于每分钟 70 词。能读懂通用的简短实用文字材料，如信函、技术说明书、合同等。

B 级：能阅读中等难度的一般题材的简短英文资料。在阅读生词不超过总词数 3% 的英文资料时，阅读速度不低于每分钟 50 词。能读懂通用的简短实用文字材料，如信函、产品说明等。

6. 写作

A 级：能就一般性题材，在 30 分钟内写出 80 到 100 词的命题作文；能填写和模拟套写简短的英语应用文，如填写表格与单证，套写简历、通知、信函等，词句基本正确，无重大语法错误，格式恰当，表达清楚。

B 级：能运用所学词汇和语法写出简单的短文；能用英语填写表格，套写便函、简历等，词句基本正确，无重大语法错误，格式基本恰当，表达清楚。

7. 翻译

A 级：能借助词典将中等难度的一般题材的文字材料和对外交往中的一般业务文字材料译成汉语。理解正确，译文达意，格式恰当。

B 级：能借助词典将中等偏下难度的一般题材的文字材料译成汉语。理解正确，译文达意。

（五）教学方法

高职公共英语课程以课堂教学为主，教师在教学过程中应注重听、说、读、写、译等方面的结合，根据实际情况采用多种教学方法，使教学生动有趣。

在教学过程中应注意如下方面。

1. 处理好基础和能力的关系

打好语言基础是教学的重要目标，但打好基础要遵循“实用为主、够用为度”的原则，强调语言基础和语言应用能力并重。在教学过程中要注意将语言知识的讲授与实践相结合，根据循序渐进的原则，在不同阶段对听、说、读、写、译进行有针对性的训练。

2. 处理好教学和测试的关系

语言测试应着重考查学生实际运用语言的能力，为教学改革和语言学习提供积极的反馈，为提高教学质量提供必要的保证。

3. 关注个体差异

不同专业和不同班级学生的英语基础存在较大差异，由职业高中或中专升入高职院校的学生，基础普遍比高中毕业生弱，工科专业学生的英语基础相对比文科学生弱，艺术类专业的学生基础更为薄弱。在教学中教师应根据不同班级学生的英语水平因材施教，适当增减教学内容，避免教学中出现“一刀切”的现象，以求达到最佳教学效果。

4. 突出学生的主体地位

教学过程中，在发挥教师指导作用的同时，应重视学生的主体地位，形成师生互动的双向交流。要调动学生参与课堂活动的积极性和主动性，提高他们学习的自觉性和自信心。要注意面向全体学生、以人为本、因材施教，同时结合语言教学的规律，加强对学生进行素质教育。

5. 采用现代化的教学手段

为了打好语言基础，培养语言运用能力，提高文化素养，在教学过程中应以教材为纲，积极采用现代化的教学手段，如录音、录像以及多媒体教学光盘、课件等，形象直观地向学生展示英语在实际交际中的运用，营造良好的英语学习氛围，开展双向或多向交流，进行大量的语言实践训练，提高学生综合运用英语语言的能力。

第三章　高职英语教学改革概述

经过四十多年的发展，我国的高职英语教学取得了显著的成绩。高职英语教学在教与学两个层面上的改革都取得了明显的进步，在教学理论、教学内容、教学方式、教学效果、教学实践上都有较大的改变。随着社会的发展，社会各界对高职生英语水平提出了更高层次的要求。尽管目前我国高职英语教学已经历经了三个重要的历史时期，已进入了新的历史转型期，但是仍然有必要从整体上论述一下高职高专英语教学改革。本章首先探讨教学改革的基本原则与理论依据，然后对教学改革的历程予以回顾，进而对高职高专英语教学的现状进行分析，并在此基础上提出教学改革的最新要求。

第一节　高职英语教学改革的基本原则与理论依据

※ 一、高职英语教学改革的基本原则

高职英语教学改革并不是毫无依据可循的，而是要遵照一定的规则和理据展开。下面介绍高职英语教学改革中常见的一些基本原则。

（一）以学生为中心原则

以学生为中心，是英语教学的首要原则。以学生为中心的理论源于美国教育学家杜威的“学生中心论”。他曾指出，人类有着自由的天性，尊重这种自由的天性、遵循教育的自然规律对学生的成长和发展有重要的作用。在英语教学中，“学生中心论”的理念是要求尊重学生的主体地位，遵循学生学习的自然规律。也就是说，教师心里要时刻装着学生、时刻想着学生的需求，将“教”建立在学生的“学”上，一切工作都要围绕学生的学习展开。教师必须在充分了解和分析学生的心理与需要的基础上，安排和调整自己的教学策略和步骤以适应学生的需要，注重学生的主体作用，提供过程与经验，由学生自己进行意义的建构，自主学习，而不是让他们接受现成知识。具体来讲，教师要做到以下几点。

第一，制定合理的教学方案，即教师必须根据学生的语言接受水平和语言运用能力来制定合理的教学方案。

第二，认真分析教材，即教师必须保证教材内容符合学生的实际需求，并根据学生学习中的实际情况来调整教学内容。

第三，认真备课，即教师必须在上课前精心准备教学内容、设计教学流程，对一些突发状况要有所准备，以保证课堂教学的顺利进行。

第四，选择合适的教学方法和手段，即教师必须根据学生的特点选择合适的教学方法和教学手段，从而激发学生的学习兴趣，使学生积极参与到学习中。

第五，重视自身的引导和支架作用，即教师必须在学生遇到困难时给予及时的帮助，在学生学习进步、情绪高涨时多加鼓励，引导他们继续努力。

（二）循序渐进原则

任何事物都是循序渐进地发展起来的，英语的教与学也是如此。学生的英语学习必须经历一个由易到难、由外到内的吸收和消化的过程，这样才能真正掌握学到的知识，才能将这些变成自己的知识且能应用自如。因此，英语教学也必须遵循人类认知的渐进规律，遵循循序渐进的原则开展英语教学。具体来说，英语教学的循序渐进原则应该做到如下三点。

1. 口语向书面语过渡

学生在学习语言时，首先从口语开始，然后逐渐过渡到书面语。英语包括口语和书面语两种形式，但是从语言的发展史来看，口语的发展远远早于书面语。这是因为人类在几十万年前从学会劳动的时候起，就开始说话，但是那时候人们还不会写字，文字的出现要晚得多。可见，在英语中，口语是第一性的，而书面语是第二性的。因此，学生学习英语应从听、说（口语）开始，逐渐过渡到读、写。

此外，由于口语中出现的词汇比较常用，而且大都是日常生活用语，句子结构也相对简单，与书面语相比更容易学习，因此通过口语的学习，学生可以很快获得与日常生活相关的交际语言，迅速提高交际能力。

2. 听、说技能向读、写技能过渡

在听、说、读、写等语言技能的培养上，教师应该首先侧重听、说能力的培养，逐渐过渡到读、写技能的培养。通过英语课堂中的听、说教学，学生可以学到正确的语音，掌握基本的词汇和基本的句子结构，从而为读、写能力的培养奠定基础。因此，在英语学习的初级阶段，特别是在学习英语的起始阶段，教师应加强听、说的教学，然后再逐步向读、写教学过渡。

3. 各种能力不断强化

英语能力的提高不是一次性完成的，而是一个螺旋式发展的过程，需要进行多次训练。这种循环往复要求教学中要做到以旧带新，从已知到未知。因此，教师应以学生已有的语言知识和已熟悉的语言技能为出发点，传授新知识，培养新技能。

（三）兴趣原则

兴趣是最好的老师，是推动学生不断前进的最强有力的动力。对于学生来说，英语学习的兴趣在很大程度上决定着英语学习的成功与否。表面上我国学生在英语学习中似乎大

多都很消极、不主动，实际上很多学生一开始对英语学习并不是排斥的，这是因为他们对于英语学习具有天然的兴趣，对新鲜事物和对异国语言与文化也抱有强烈的好奇心。之所以很多学生对英语学习失去兴趣、英语水平迟迟得不到提高，很大程度上是因为传统教学中教学理念出现偏差、教师教学方法不当、考试体系不科学等。因此，若想真正提高教学质量，教师必须首先从源头抓起，努力激发和培养学生学习英语的兴趣，为学生英语学习注入动机和活力，这样教学效果也就指日可待了。为了激发学生的学习兴趣，教师应该做到以下几点。

1. 找到学生感兴趣的点

教师只有了解了学生的兴趣所在，才能够因需施教，真正激发学生的学习动机。

2. 善于发现学生的进步，并及时给予鼓励

教师在教学中应当善于发现学生的进步，并及时给予鼓励和表扬。这既可以培养学生的自信心，也是培养学生兴趣的一种有效方法。

3. 加强师生之间的交流

实践表明，人们对课程的喜爱程度与教师存在着密切的关系。教师性格活泼且富有幽默感，就会影响学生，使学生喜欢这位教师所教授的课程。

4. 创新教学方法

创新的教学方法不但有助于激发学生的学习兴趣，而且有助于发展他们的思维和运用能力。学生的学习兴趣也会因良好的学习效果而得到巩固与加强。

5. 完善教学评价的方式

教学评价方式的完善要求引入形成性评价，这将引导学生更加注重学习的过程，体会进步的成就感和学习的乐趣，从而激发他们主动学习的愿望。

（四）灵活性原则

灵活是兴趣之源，灵活性原则也是兴趣原则的有力保障。语言是一个充满活力、不断发展的开放性系统，所以英语教学改革应该遵循灵活性原则。具体来讲，教师应该在平时的教学中做到以下几点。

1. 运用灵活的教学方法

教学方法的灵活，意味着教师在英语教学中，要对语音、词汇、语法等语言知识，以及培养听、说、读、写、译等语言技能教学的实际情况进行具体问题具体分析，根据不同的教学内容、教学情况灵活采取不同的教学方法。

2. 引导学生采用灵活的学习方法

学习方法的灵活，意味着教师要引导学生积极探索合乎英语语言学习规律以及符合学生生理、心理特点的自主型学习模式，使学生能够自我引导、自我激励、自我监控、发散思维、开拓创新，在不断的尝试和总结中提高学习效率。

3. 灵活使用英语组织课堂

学习语言的最终目的是交流沟通。教师要通过自身灵活使用英语带动并影响学生使用

英语。在课堂教学中，教师应尽可能多地用英语组织教学，使学生感到他们所学的英语是活的语言。此外，教师还可以通过灵活性的作业为学生提供灵活使用英语的机会。

（五）交际性原则

交际性原则是英语教学改革始终要坚持的原则。教师要培养学生能够运用所学的语言知识在不同的场合、对不同的对象进行有效交际的能力。具体来说，教师应该做到如下几点。

1. 正确理解英语教学的性质

要坚持交际性原则，教师要先理解英语教学的性质。英语教学是一种针对听、说、读、写等各项技能的培养型课程。“教”“学”“用”三个方面是一个有机的统一体，其中，“用”处于核心地位。使用英语进行交际的能力是在使用的过程中培养出来的，只有理论没有应用，很难实现预期的目标。因此，教师在教学中应加大英语使用的力度。

2. 将英语作为交际工具来教、学、用

众所周知，英语是一种进行交际的工具。英语教学的目的是培养学生了解和掌握这种交际工具。

使用交际工具的能力是在使用当中培养出来的。英语教学中的交际原则，既要求教师将英语作为一种交际工具来教，也要求学生把英语作为交际工具来学，还要求教师和学生课上、课下都将其作为交际工具来用。

教学活动要和以英语进行的交际紧密联系起来，力争做到英语课堂教学交际化。在英语教学中，教师或学生不是单纯地教或学英语知识，而是通过操练，培养或形成用英语进行交际的能力。教师要尽量利用教具，为学生创造适当的情境，协助学生进行以英语作为交际的真实的或逼真的演习。这样使学生不仅能学得有兴趣、有成效，还能真正学到英语的用法，学了就会用。

3. 教学内容与活动的选择要贴近生活

由于英语语言是用于现实生活中的，因此英语教学就要将教学内容与学生的生活相联系。具体来说，在英语教学中，教师应把语言和学生所关心的话题结合起来，给学生提供足够的、内容丰富的、题材广泛的、贴近学生生活的信息材料。这样的材料因为具有一定的现实性，所以容易使学生产生共鸣，从而会调动学生的兴趣，也能促使他们认识到学习英语的目的在于交际，而不是为了应付考试。

4. 在教学中创设交际情景

要使学生具备使用英语进行交际的能力，真正做到在适当的地点和适当的时间，以适当的方式向适当的人讲适当的话，就要在英语教学中积极创设情境，开展各种各样的教学活动，以此提高学生英语语言应用的能力。情景包括时间、地点、参与者、交际方式、谈论的题目等要素。在某一特定的情境中，某些因素，如讲话者所处的时间、地点及本人的身份等都制约其说话的内容、语气等。另外，在不同的情境中，同样的一句话也可以表达不同的意义和功能。例如，“Can you tell me the time”具有两层意思：可能是质问他人为什么迟到，是一种责备的口吻；也可能是向别人询问时间，是一种请求的语气。因此，在英语教学中，教师只有把教学的内容置于一种有意义的情境之中，才有可能让学生充分理解每一句话所表达的意思。这就要求教师在设计英语教学活动时要充分结合教材内容，利用各种教具，开展各种情景的交际活动，这样对学生和教学都会产生有利的影响。此外，教师也可以设计任务型活动，让学生通过完成特定的任务来获得和积累相应的学习知识与经验，但这些活动需要具有交际的性质，才利于交际目标的实现。

（六）系统性原则

系统性也是英语教学改革必须遵照的一个原则。系统性原则主要有三个作用：使学生对所学内容有比较系统、完整的概念；能够建立起各个部分知识之间和新旧知识之间的联系；能够清晰且有层次地消化所学内容。

下面就详细分析系统性原则对教师工作提出的要求。

1. 系统安排教学工作

教师在安排教学工作时，应该有一定的计划，要做到以下几点。

第一，有计划地备课。例如，一篇课文要上八课时，那么教师在备课时要一下子备完，不能今天上两节课就备两节课的内容，要一次性备好。

第二，讲解要逐步深入、层次分明、前后连贯、新旧联系、突出重点、一环套一环、一课套一课，形成一个有机而系统的联系。

第三，教学的步骤和培养技能的方法应该符合语言掌握的过程。教师要根据课程的最终教学目的，由易到难，逐步提高要求。

第四，布置的练习要有计划性。教师要先进行训练性练习，然后再进行检查性练习。此外，练习的形式要具有体系性，且相同的练习形式也要有不同的要求。

第五，布置的家庭作业要与课上讲课的重点密切联系起来。每次的作业要有明确的目的，课内、课外要通盘考虑。

第六，教师要经常考查学生对知识和技能的掌握情况，每堂课要有一定的提问并做相应的记录。这可以对学生起到督促的作用，也能为教师自身的教学提供有益的反馈。此外，对学生的平时成绩不能仅凭教师的印象来评定，所以教师平时对学生所做的口、笔头作业要有记录。

2. 系统安排教学内容

在英语教学中，教师安排的教学内容也要有严密的计划和顺序。例如，低年级英语教材教学内容的安排基本上应是圆周式的，对系统不要机械地去理解，切忌搬用生硬的系统。教师应该按教科书的安排特点和班级的情况合理组织讲课的内容，确定讲课的重点。当遇到一个生词时，教师不要急于将这个生词的所有意义、用法全部讲给学生。当讲解一个新的语法规则时，教师不要一股脑儿地把所有规则都交代给学生，而要分解知识，分步骤地教给学生，这样才能由浅入深、由易到难。

3. 系统安排学生的学习

教师要不断地指导学生进行连贯的学习。所有学习都要循序渐进，经常、持久、连贯，也就是要持之以恒。同样，教师在教育学生的过程中首先要做到有恒心，经常及时带领学生进行复习和做好功课。另外，教师要帮助学生处理好日常学习与期末复习的关系，要明确指出将学习重点放在平时，平时训练要从难从严，坚决反对那种平时学习不努力、期末考试临时抱佛脚的做法。此外，教师还要经常关注和指导学生的学习方法，并做到因材施教。

（七）关注情感的教育性原则

关注学生的情感也是高职英语教学改革要遵循的一个原则。具体来说，教师在教学过程中关注学生情感要做到以下两点。

1. 努力营造良好的教学环境

（1）建立相互尊重、相互理解、相互信赖的新型师生关系

教师应该做到仪态大方、笑容可掬、和蔼可亲，并保持在学生中的威望。教师既要充当学生学习上的指导者，又要做学生生活中的朋友。教师要及时了解学生遇到的挫折，帮助其总结经验教训、克服困难，帮助他们树立学习的信心。而作为生活上的朋友，教师要时刻注意学生的思想动态、家庭情况，必要时对其进行心理指导。

（2）营造激发学生学习动机和兴趣的轻松愉悦的学习氛围

前文中提到，兴趣是学习活动中最直接、最活跃的推动力。学生的学习兴趣不仅能转化为稳定的学习动力，还能促进学生智力的发展，启迪学生智慧和开发学生潜能，达到提高学习效率的目的。教师在教学过程中要注意培养学生学习英语的持久兴趣，把培养学生的兴趣、态度和自信心放在英语教学的首要地位，从而有效促进学生全面发展。

除了兴趣，学生的动机也是影响英语教学的关键因素。不管是听、说、读、写等能力的培养，还是英语知识的教学，如果不能激发学生的学习动机，教学就不可能产生预期的效果。而创设情境就是激发学习动机的一个重要因素，因为没有特定的社会情境，就没有语言的交际活动。

2. 培养学生形成积极的情感

综合诸多教育专家和学者的观点，可以将培养学生积极情感的具体举措归纳为如下两点。

（1）联系学习内容讨论情感问题

在平时的英语教学中，教师要注意融入积极的情感态度的培养，针对学生学习过程中出现的具体问题进行具有针对性的引导，帮助学生解决情感态度方面的问题。

（2）建立情感态度的沟通渠道

在课堂教学中，教师要建立起情感态度的沟通和交流渠道，如营造融洽、民主、团结、相互尊重的课堂氛围等。有些情感态度可以集体讨论，而有些问题则需要师生之间进行有

针对性的单独探讨。但在沟通和讨论的过程中，教师要注意尊重学生的感受，避免伤害学生的自尊心。同时，情感既有内在的表现，也有外在的反应，所以教师必须仔细观察，了解学生的情感态度，以培养学生积极的情感，消除学生消极的情感，促进学生健康人格的发展。

※ 二、高职英语教学改革的理论依据

面对社会发展和深化教育教学改革不断提出的新挑战，以及全面推进素质教育的高涨呼声，作为外语教师或教学研究人员，教师除了要熟知基本外语教学理论和技术外，还要对外语的教与学有更深入的研究，借助不断发展的相关理论，使外语教学更具有教育性，更能促进学习的成效，使学习者素质得以全面提高。本书在高职英语教学改革与创新中主要涉及近些年不断发展、在外语教学中极具应用潜力的一些理论。

（一）认知理论

认知语言学兴起于 20 世纪 80 年代初，是认知科学与语言学相结合而形成的新兴边缘学科。从 20 世纪 90 年代以来，认知语言学在中国蓬勃发展，其理论及相关概念对第二语言习得和教学等诸多领域产生了深远影响。认知语言学所提出的主要概念和研究对象有理想化认知模型、基本范畴、原型、图式、辐射范畴等。其中，被应用于英语教学的有基本范畴、隐喻、距离象似性、图式理论等。

1. 基本范畴

客观事物纷繁复杂。人们为了记忆这些事物就必须对这些事物进行判断、分类和储存，这就构成了许多范畴。在同一范畴中，并不是所有的事物都是处于同一层面或地位的，总有一些事物能够被人类非常容易而迅速地感知，那么这一层面感知的范畴就叫基本范畴。基本范畴有如下几个特点：其成员具有明显的能被感知的对外区别性特征；具有快速识别的特征；首先被认识、命名、掌握和记忆；运用最简洁的、使用频率最高的中性词。词汇教学应注意把基本范畴词汇讲授放在词汇教学的首位，然后再讲其他范畴层次的词汇。学生在掌握经常作为词典定义词语的基本范畴词以后，再学习掌握其他范畴的词汇会取得事半功倍的效果，从而不断提高英语水平。

2. 隐喻

莱考夫和约翰森认为，隐喻不仅仅是一种语言现象和语言的修辞手段，还是一种思维方式和隐喻概念体系，是人们用一种事物来认识、理解、思考和表达另一种事物的认知思维方式之一。人的思维的基本特征就是隐喻。人们的概念系统在很大程度上也是以隐喻的方式构建的。词语的隐喻意义有两种：一种是在生活中顺应需要而灵活运用产生的，另一种是在语言中已被人们接受的约定俗成的隐喻意义。在词汇教学中，提高隐喻思维有助于学生透过英语语言的表层形式体会目标语民族的思维特点和概念模式，将某些看似互不关联的词语与其反映的底层概念结构联系起来，最终掌握语言形式背后的那些概念理据。

3. 图式理论

约翰森（1980）将意象图式定义为通过感知的相互作用和运动程序获得的对事物经验给以连贯和结构的循环出现的动态模式。所谓“图式”是指每个人过去获得的知识在头脑中储存的方式，是大脑对过去经验的反应或积极组织，是被学习者储存在记忆中的信息对新信息起作用的过程，并对这些新信息丰富加工与转存到学习者知识库中的过程。图式是一种储存于大脑的抽象的包含空档的知识结构，每个组成成分构成一个空档。当图式的空档被学习者新接收的具体信息填充时，图式便实现了。

鲁梅尔哈特（Rumelhart）认为，阅读图式可分为语言图式（Linguistic Schemata）、内容图式（Content Schemata）和形式图式（Formal Schemata），实际上，听力理解同样具有这三方面的图式。形式图式包括语篇图式，这就要求教师不仅要帮助学生扫清语言障碍，更要让学生懂得不同文章的语篇结构和类型：内容图式则要求教师在选择阅读材料时，一定要有针对性和目的性。从实质上讲，阅读教学就是要平衡阅读材料所要求的内容图式与学生大脑中已存在的相关内容图式之间的关系。

4. 距离象似性

距离象似性其基本含义是概念距离越小，语言形式上的距离也更为接近，其认知基础是邻近的概念与相关的思想较为容易被激活，在心智上也就更倾向于被放在一起处理。距离象似性原则对英语学习有着重要的实践意义，它不仅可以帮助学习者理解一些语法知识，还可以指导学习者更得体、礼貌地使用语言，从而达到运用英语交际的终端目的。

自从索绪尔提出语言符号任意性原则以来，任意性一直被认为是人类语言的本质特征之一。近几十年来，随着认知语言学的发展，语言符号任意性原则受到了广泛的批判，与之相对的语言象似性开始受到了国内外学者的普遍关注，成为新的研究热点。在国内，不少学者致力于象似性的研究，如沈家煊、杜文礼、王寅等，其中，王寅将其定义为“语言符号在音、形或结构上与其所指之间存在映照性相似的现象”。总之，语言的象似性是相对于语言的任意性而言的，它是说语言的能指和所指之间，也即语言的形式和内容之间有一种必然的联系，即两者之间的关系是可论证的、是有理据的。

距离象似性对语言符号象似性的研究由来已久，最早是哲学家和符号学家感兴趣的问题。美国哲学家皮尔斯提出了符号三分法，将符号分成象似符（icon）、标志符（index）和象征符（symbol），对象似性的研究做出了重大贡献。而功能主义语言学家海曼则对语言符号象似性做了更为系统、详尽的研究。他把语言结构的象似性分成两大类：成分象似与关系象似。前者指语言成分与人类的经验成分象似，换言之，就是形式与意义相对应；后者指语言结构内部不同成分之间的关系与人类经验结构成分之间的关系相对应。他还对后一种象似现象做了进一步的分类，如距离象似性、数量象似性、顺序象似性、标记象似性、话题象似性和句式象似性等。我国学者王寅将距离象似性定义为：语符距离象似于概念距离。概念距离相近，同属一个义群或语义场，或欲表述一致性较高的信息，在思维时就容易将它们放在一起思考，它们共现的可能性就较大，在表达时语符间的距离也往往靠得近。语符距离近了，则其所表示的概念距离也就近了。

学习英语不仅要学习语言知识，还要学习怎么使用这门语言达到交流和交际的目的。因此，教师要通过分析英语语言交际中所体现的距离象似性，来探讨其对语言交际的重要原则——得体性与礼貌程度所产生的影响。

（1）语言得体性与礼貌原则

语言的得体性（Appropriateness）是“一种社会群体的文化心理的价值评价”，是交际中必须遵守的最高原则。语言的得体性中体现着距离象似性，如说话人越客气，使用的语言结构越复杂，信息量越大，说话人和听话人之间的社会距离也就越大。例如，“Open the window”和“Could you possibly open the window”表达同样的基本意义，但是后者较之前者结构要复杂，所包含的信息量也要大些，多用于关系不是很密切的人之间，而前一句则用于朋友或非常熟悉的人之间。除非要表达一些特殊含义，只有这样用才是符合语境需要的，也才是得体的。

（2）距离象似性对得体性和礼貌程度的影响

距离象似性原则体现在英语的许多表达之中，首先来看一下词与词或词素位置的不同所产生的意义效果不同。

例如：

Only I want two apples.

I only want two apples.

I want only two apples.

以上三句中的“only”位置不同，则表达了不同的意义，这完全是由“only”与其相邻修饰词的关系决定的。第一句仅说“我要（不是别人）”；第二句是说“仅要（不含其他想法）”；第三句是说“仅两个（不是更多）”。

根据距离象似性原则：认知或概念上相接近的实体，其语言形式在时间和空间上也相接近，就是说，概念之间的距离跟语言成分之间的距离相对应。从这一概念出发，教师可以更进一步探讨日常会话中的语用规则。如一条普遍的语用规则：“客气意味着距离。”说话者越客气，则使用的语言单位越多、语言信息越多，社会距离就越大。此外，生活中教师使用模糊限制语，这一语言现象与距离象似性有着密切关系。使用模糊限制语之后，语言单位要变长，话语信息量要变大，无形中体现出了交际双方的距离。

例如：

Your price is too high for US to accept.

I’m afraid your price is some what on the high side.

教师在日常购物砍价时，可以使用第一句，即使交易不成功，也不会带来太严重的后果。但如果是在商务交易中，这种说法就不合适了。如果能够很好地使用模糊限制语，可能会带来意想不到的结果。对比以上两个例句，不难发现，模糊限制语“I’m afraid”和“some what”在此种语境下的使用就使话语礼貌得体了很多，在体现出双方距离的同时，减少了双方在感情上的对立，很好地缓和了交易争执中的紧张气氛，使交易更容易成功。

另外，委婉语当中也体现着距离象似性。几乎在所有的语言中，委婉语都比直接表达要复杂些。其实，冗长只是一种掩饰的象征。使用委婉语的真正动因在于用某种原因使听话人远离事实。例如，把“garbage collector”委婉地称为“solid waste ecologist”，用“pass away”“pay the debt of nature”“go the way of all flesh”等来表达“die”的意义等。

通过语言手段表达的礼貌，自然同句式有密切的关系。不同的语言表达方式会体现出不同的礼貌程度差异。如果不考虑语境的作用，只是从语言形式本身来判定礼貌的程度，那么语言符号增多，社会距离增大，话语的礼貌程度越高。

例如：

① Will you please close the door？

② Won’t you close the door？

③ Close the door, if you please.

④ I would like you to close the door.

⑤ Would it be too much to ask you to close the door？

以上①到⑤都是表达“close the door”的意思。其中，①到③的语符单位都小于④和⑤。凭直觉可以看出，从①到⑤语言结构愈长，信息量愈多，社会距离也愈大，故话语越礼貌。

然而在语言的具体使用过程中，教师要充分考虑交际的生成语境。关系越密切，社会距离缩小，话语越简短。语言的象似性揭示了人类的普遍认知规律和语言内部结构之间的关系。

（二）建构主义理论

建构主义（Constructivism）成为20世纪90年代以来一种非常有影响力的学术思想，被誉为“当代教育心理学中的一场革命”。该理论认为，外部世界是客观存在的，但是对于世界的理解及所赋予它意义却是由个体自己决定的，个体会以自己原有的知识经验来构建它或者说解释它。因为每个个体的原有知识经验存在差异，所以各自所构建的世界也是不同的。建构主义强调的是个体从自身经验背景出发对客观事物的主观理解和意义建构，重视学习过程而反对现成知识的简单传授。

1. 社会建构主义

个人建构主义认为，个体一出生便开始积极地从自身经验中建构个人意义，即建立他自己对世界的理解，其代表人物皮亚杰把心灵的发展看作已有知识和当前经验不断达到平衡的过程，伴随这一过程的是同化和顺应。这一理论强调个人的发展和经验，忽视人为干预和直接教育的作用，忽视社会环境的作用，因此具有局限性。

本书所建立的理解教学过程的基础是社会建构主义模式。这一模式的要义是：知识不是通过教师传授得到的，而是学习者在一定的情境即社会文化背景下，借助其他人（包括教师和学习伙伴）的帮助，利用必要的学习资料，通过意义建构的方式而获得的。该理论认为“情境”“协作”“会话”“意义建构”是学习环境的四大要素。其中，“情境”：学习环境中的情境必须有利于学生对所学内容的意义建构；“协作”：协作发生在学习过程的始终；“会话”：学习小组成员之间必须通过会话商讨来完成规定的学习任务和计划，会话是达到意义建构的重要手段之一；“意义建构”：这是整个学习过程的最终目标。所要建构的意义是指事物的性质、规律及事物之间的内在联系。建构主义指导下的教学应是以学生为中心，在整个教学过程中教师起组织者、指导者、帮助者和促进者的作用。教师利用“情境”“协作”“会话”等学习环境要素充分发挥学生的主动性、积极性和首创精神，最终达到使学生有效地实现对当前所学知识的意义建构的目的。

2. 最近发展区（ZPD）理论

苏联心理学家维果茨基心理学的一个中心概念是中介作用，它是指学生身边对他有重要意义的人在他认知发展过程中所起的作用。有效学习的关键在于学生和中介人（父母、教师、同伴）之间交往互动的质量。他的另一个重要贡献是“最近发展区”理论。最近发展区是指比学生现有知识技能略高出一个层次，经他人协助后可达到的水平。学生与成人或能力强于他的同伴交往是使他进入下一个发展区的最好办法。这提供了一种积极信息，即学生在某学习阶段遇到障碍时，经过教师的帮助可以越过障碍达到一个新的学习阶段。

建构主义提倡的主要教学方法为随机进入教学、支架式教学、抛锚式教学。随机进入教学（Random Access Instruction），是指学习者可以随意通过不同途径、不同方式进入同样教学内容的学习，从而获得对同一事物或同一问题的多方面的认识与理解。支架式教学（Scaffolding Instruction），是指教学应当为学习者建构对知识的理解提供一种概念框架，而这种框架中的概念是发展学习者对问题的进一步理解所需要的，因此事先应该把复杂的学习任务加以分解，以便于把学习者的理解逐步引向深入。支架式教学由搭脚手架、进入情境、独立探索、协作学习、效果评价几个环节组成。抛锚式教学（Anchored Instruction），也称为“实例式教学”或“给予问题的教学”，被形象地比喻为“像轮船被锚固定一样”，是指以具有感染力和代表性的实例（案例）使学生对事物的性质、规律及与其他事物的联系达到深刻的理解。抛锚式教学由创设情境、确定问题（在创设的情境下，选择出与当前学习主题密切相关的真实性事件或问题作为学习的中心内容，选出的事件或问题就是“锚”，这一环节的作用就是“抛锚”）、随机进入学习思维发展训练、小组协助学习、学习效果评价几个环节组成。

（三）二语习得理论

这里重点介绍输入假设理论。

20 世纪 80 年代克拉申提出了“输入假设理论”（The Input Hypothesis Model）。这个理论由输入假设（Input Hypothesis）、习得 / 学习假设（Acquisition/Learning Hypothesis）、监控假设（Monitor Hypothesis）、自然顺序假设（Natural Order Hypothesis）、情感过滤假设（Affective Filter Hypothesis）五个相互连接的“假设”组成。克拉申认为，人类只通过

一种方式获得语言，那就是对信息的理解，通过吸收可理解的输入信息（Comprehensible Input）来获取语言知识。只要学习者听到有意义的语言信息并设法对其进行理解，就会产生语言习得的效果。他认为，学习者所接受的输入语言必须满足下面三个条件，语言习得才可能发生：可理解的输入；包含已知的语言成分；包含略高于已知的语言水平的成分（i+1）。只有当习得者接触到可理解的语言输入，即略高于他现有语言水平的第二语言输入，而他又能把注意力集中于对意义或信息的理解，而不是对形式的理解，才能产生习得。如果现有语言水平为 i，能促进他习得的是 i+1 的输入。

互动假说是郎（Long）在克拉申提出的输入假设的基础上提出的，并被广泛认为是输入假设理论的扩展和延伸。朗（Long）则关注这些输入如何变得可理解，即交际双方为交流能顺利进行而进行的交互调整（Modified Interaction）。语言输入在互动中通过澄清请求、理解检查、重复证实，其理解性会增强，语言输入也会更加成功。这一理论也为讨论式教学、课堂交际活动提供理论支持。在课堂教学中要使学生获得更多的可理解性语言输入，教师就必须尽可能多地创造出为实现交际目的而使用语言的机会，以便让学生接触到更多可听懂的语言输入。

第二节　高职英语教学改革的历程与现状分析

※ 一、高职英语教学改革的历程

高职英语教学改革从未停下脚步，一直在向前发展。针对其本质来说，高职英语教学发展和变化的过程实际上是不断改革、创新、探究的过程。因此，这里主要对教学大纲、课程设置、师资建设、教材建设这四个主要层面的发展历程进行回顾，以期为高职英语教学改革提供一定的理论指导。

（一）高职英语教学大纲改革的历程

教学大纲是以一定教学理论与教学思想为指导，对教学要求、教学目标、教学内容及教学评估等进行的规定和描述的文件。为了适应国家经济建设和社会发展的需要，在教育部的领导下，专家团队基于对高职英语教学实际需求的认识，制定了 2000 年的教学大纲。这份大纲凝结了教育部门和行政管理部门的思想，并且是对大纲制定者教育观、语言观、语言学习观的集中反映。

1. 2000 年《高职高专英语课程教学基本要求（试行）》

教育部高教司于 2000 年印发了《高职高专英语课程教学基本要求（试行）》。相比于大学英语课程，《高职高专英语课程教学基本要求（试行）》对高职英语的要求大为降低。

鉴于目前高职高专和成人高专学生入学时的英语水平差异较大，高职高专的教学要求分为 A、B 两级，实行分级指导。A 级是标准要求，B 级是过渡要求。入学水平较高的学生应达到 A 级要求，而入学水平较低的学生至少应达到 B 级要求。随着入学英语水平的不断提高，学生均应达到 A 级要求。

通过对高职课程的学习，学生应该达到下列要求。

（1）词汇

A 级：认知 3 400 个英语单词（包括入学时要求掌握的 1 600 个单词）及由这些词构成的常用词组，对其中 2 000 个左右的单词能正确拼写、英汉互译。学生还应结合专业英语学习，认知 400 个专业英语词汇。

B 级：认知 2 500 个英语单词（包括入学时要求掌握的 1 000 个单词）及由这些词构成的常用词组，对其中 1 500 个左右的单词能正确拼写、英汉互译。

（2）语法

A 级和 B 级：掌握基本的英语语法规则，在听、说、读、写、译中能正确运用所学语法知识。

（3）听力

A 级：能听懂日常和涉外业务活动中使用的结构简单、发音清楚、语速较慢（每分钟 120 词左右）的英语对话和不太复杂的陈述，理解基本正确。

B 级：能听懂涉及日常交际的结构简单、发音清楚、语速较慢（每分钟 110 词左右）的英语简短对话和陈述，理解基本正确。

（4）口语

A 级：能用英语进行一般的课堂交际，并能在日常和涉外业务活动中进行简单的交流。

B 级：掌握一般的课堂用语，并能在日常涉外活动中进行简单的交流。

（5）阅读

A 级：能阅读中等难度的一般题材的简短英文资料，理解正确；在阅读生词不超过总词数 3% 的英文资料时，阅读速度不低于每分钟 70 词；能读懂通用的简短实用文字材料，如信函、技术说明书、合同等，理解正确。

B 级：能阅读中等难度的一般题材的简短英文资料，理解正确；在阅读生词不超过总词数 3% 的英文资料时，阅读速度不低于每分钟 50 词；能读懂通用的简短实用文字材料，如信函、产品说明等，理解基本正确。

（6）写作

A 级：能就一般性题材，在 30 分钟内写出 80 ～ 100 词的命题作文；能填写和模拟套写简短的英语应用文，如填写表格与单证、套写简历、通知、信函等，词句基本正确，无重大语法错误，格式恰当，表达清楚。

B 级：能运用所学词汇和语法写出简单的短文；能用英语填写表格，套写便函、简历等，词句基本正确，无重大语法错误，格式基本恰当，表达清楚。

（7）翻译（英译汉）

A 级：能借助词典将中等难度的一般题材的文字材料和对外交往中的一般业务文字材料译成汉语，理解正确，译文达意，格式恰当；在翻译生词不超过总词数 5% 的实用文字材料时，笔译速度每小时 250 个英语词。

B 级：能借助词典将中等偏下难度的一般题材的文字材料译成汉语，理解正确，译文达意。

（二）课程设置改革的历程

教学目标决定着教学内容，而教学内容又对课程设置起决定作用。上面已经对教学大纲做了简要的回顾，下面就来回顾一下课程设置的改革历程。

1. 初始阶段

初始阶段是从 1962 年到 1984 年，以“文化大革命”为界，“文化大革命”前和“文化大革命”后的课程设置各有其自身的要求，具体分析如下。

（1）“文化大革命”前

我国大学英语课程始于 1956 年，就是当时的公共英语教学。20 世纪 60 年代后，将公共英语作为自己选修课的学生人数急剧增加。1962 年，《英语教学大纲（试行草案）》的颁布为其改革提供了契机，因为该大纲的目的是“为学生今后阅读本专业英语书刊打下扎实的语言基础”。1966—1977 年间，我国外语教学基本处于停滞状态。

综合来讲，改革开放前，大多数学生都认为大学英语课程只是大学的一门选修课而已，人们感受不到英语的重要性，学生学习的积极性并不高。

（2）“文化大革命”后

1978 年以后，党中央陆续召开了多次外语教育工作会议和座谈会。在 1978 年的座谈会上，廖承志首次提出了大中小学外语教育的一条龙计划。他特别强调要打好外语的基础。1979 年，党中央还印发了全国外语教育座谈会的纪要《加强外语教育的几点意见》（以下简称《意见》）。《意见》提出了两条关键性的意见：一是要加强中小学的外语教育；二是要对大学英语教学加以重视和研究，将其重心放在增加高校外语课时上。

1979 年冬季，在《意见》的要求和教育部的委托下，清华大学、北京大学等多所高校联合制定了《英语教学大纲（草案）》，并于 1980 年顺利通过。《英语教学大纲（草案）》同样过于强调英语基础的重要性，而忽视了实践的问题，从而使教学要求无法实现。

2. 分类分级阶段

分类分级阶段是从 1985 年到 1993 年，这一时期对中小学外语教育的重视使大学英语课程面临新的调整与改革。这从 1985 年和 1986 年的两份大纲中可以体现出来。这两份大纲主要有以下特点。

（1）强调语言基础的重要性

两份大纲指出，大学英语基础阶段的教学重点必须将语言放在首位，以利于学生打下坚实的基础。

（2）提高了教学要求

例如：1962 年和 1980 年的大纲对阅读的要求是每分钟达到 10 ～ 15 个词，而这两份大纲要求每分钟 50 词；阅读难度略低，当生词不超过总词数的 3% 时，速度应达到每分钟 80 词。

（3）开始培养学生的交际能力

两份大纲指出，英语教学既要传授必要的语言知识，又要引导学生运用所学语言知识和技能进行各种语言交际活动。

（4）实行分级教学

两份大纲将大学英语基础教学分为六个级别，将一至四级规定为必修课程，将五至六级规定为选修课，然后通过各种表格，对各级教学内容和要求做出规定。应该说，这一做法是大学英语教学的一个重大突破。

（5）突出分类指导

两份大纲在教学目的、教学重点、筛选词汇的标准、课时分配上都有所不同。

基于这两份大纲，国家教委陆续组织了大学英语四、六级考试，并产生了巨大的影响。自此，全国大学英语教学逐渐走上了统一大纲、统一考试的道路。

3. 统一大纲、考试阶段

统一大纲、考试阶段是从 1994 年到 2001 年。1994 年 7 月和 12 月，原国家教委分别在大庆和桂林召开了全国大学英语教学研讨会和全国大学英语教学上新台阶座谈会。这两次会议最终形成了 1999 年版的《大学英语教学大纲（修订本）》。这份修订大纲具有以下特点。

（1）强调语言基础教学

新大纲提出，大学英语教学的目的是培养学生的阅读能力和听、说、读、写、译能力，使他们可以用英语进行交流。大学英语教学要为学生打下扎实的语言基础，使学生可以掌握良好的语言学习方式，提高自身的文化修养，以适应社会和经济发展的需要。

（2）突出阅读能力的培养

新的教学大纲还将阅读定义为第一层次要求，将听、说、写、译定义为第二层次要求。

（3）淡化语言交际能力

新大纲指出：语言基础知识包括语言知识和语言应用能力；语言教学既要重视语言知识的准确性，又要注意语言使用的流利程度和得体性。

（4）统一大纲、统一考试

新大纲指出，文、理不分科，也不再只适用于重点大学，而是全国各类高校学生均可参加；还强调，要将四级定为全国各类高校学生都应达到的基本要求。

4. 听说领先，计算机教学阶段

从 2002 年至今发生了一次大学英语教学改革，即进入了听说领先、计算机教学阶段。

与之前相比，本次改革在培养目标和内容上均发生了较大变化。

（1）培养目标的变化

2004 年，教育部正式批准了《大学英语课程教学要求（试行）》。该要求具有以下两大特点。

第一，首次以大纲的形式强调听、说能力的培养。具体内容为：以培养学生的英语综合应用能力为目标，特别要培养学生的听、说能力，使他们在今后工作和社会交往中可以用英语有效地进行交流，同时增强其自主学习能力、提高其综合文化素养，以适应我国社会发展和国际交流的需要。

第二，改变了传统的大学英语教学模式。该要求提出，要充分利用现代信息技术，采用基于计算机和课堂的英语教学模式，改进以教师讲授为主的单一教学模式。另外，各高校还要建立网络环境下的听说教学模式。

当各高等院校的大学英语教学目标和教学模式都发生了一定变化的情况下，大学英语教学的内容和课程设置也受到了影响。

（2）改革内容的变化

在这次改革刚刚启动的时候，教育部制定了两个重要文件:《大学英语教学改革基本思路》和《大学英语教学改革工程草案》，并在 2002 年召开的大学英语教学改革座谈会上进行了讨论。从改革的细则可以看出，本次改革的目标并不是为了提高学生的听、说能力，而是培养学生运用英语进行学习和研究的能力。

（三）师资建设改革的历程

自改革开发至今的 40 多年间，我国高职英语师资建设工作取得了很大的进步，无论是教学水平还是队伍结构都逐渐得到了改善，基本可以满足人才培养的需要。下面就对我国高职英语师资建设的发展历程进行回顾。

1. 1978 年以前的师资建设

1978 年以前，高职英语师资队伍发展得并不理想。1978 年，经国务院批准在北京首次召开了外语教育座谈会，提出了《加强外语教育的几点意见》，包括两个问题：一个是中华人民共和国成立初期大力发展了俄语教育，忽视了英语和其他语种，导致外语教育的片面发展；另一个是注意了专业外语教育，对高校公共外语教育和中小学外语教育注意不够。显然，当时的外语教育政策对高职英语师资队伍的建设和发展产生了巨大的影响。针对这两大问题，特别是师资队伍匮乏的现状，1979 年出台的《加强外语教育的几点意见》中第 5 点特别强调“大力抓好外语师资队伍的培养和提高”。文件指出:“目前高等学校外语教师队伍青黄不接，高水平的骨干教师后继乏人。”为了解决这一难题，教育部开始着手扩大高校外语专业的招生规模以培养师资，开展多种形式的进修活动。为了解决英语师资缺乏和水平不高的问题，自 1979 年到 1981 年，三年内每年聘请外籍英语教师和国外华侨 100 名左右。

2. 20 世纪八九十年代的师资建设

1980 年，国务院批准教育部制订了《1980 年至 1983 年高校英语教师培训计划》。根据这一计划，北京外国语学院和上海外国语学院等 16 所院校负责英语专业教师的培训工作，清华大学、天津大学、上海交通大学等 9 所理工院校外语系负责培训公共英语师资的任务。据统计，从 1980 年至 1983 年，三年内 9 所理工院校的外语系共为高校培训了 2 100 多名公共英语教师。这是一次规模浩大的师资培训，可以说全国有五分之一的公共英语教师都接受了这次培训。自从这次大规模的培训之后，教育部一直延续着这一工作，许多高校设立了固定的公共英语教师培训中心，如天津大学、上海交通大学、重庆大学等。

1984 年，教育部又进一步提出扩招英语专业的学生，要求 3 所外国语学院、2 所师范大学及 10 所综合性大学都进行扩招。其中，3 所外国语学院每校增招英语专业 20 人（一个班），2 所师范大学和 10 所综合性大学每校扩招英语专业 10 人。这样每年扩招的人数共有 180 人左右。学生一旦毕业就能满足高校公共外语师资的需求。随后，除了上述三种院校招收英语专业的学生，许多高校也开设了科技英语专业，进而培养了大批的高职英语教学人才。到了 20 世纪 80 年代末，全国高校从事外语教学的教师就达到了 2 万人，且多是英语教师。

与 20 世纪 80 年代前的师资力量相比较，20 世纪 80 年代后的英语教师能力，尤其是听、说水平有明显的提升。高职英语教师在参与各种师资培训的活动中，既提高了听、说、读、写等基本技能，又学习了语言测试、二语习得、心理语言学，以及社会语言学、外语教学法等理论，从而大大提高了高职英语教学质量。在教育部的大力支持与鼓励下，高校高职英语师资队伍建设收到了显著成效。这期间高职英语教师不仅在国内获得了进修机会，还有了出国进修的渠道，使得高职英语教师可以去英语国家的高校学习，进行文化交流。总之，随着高校师资队伍质量的提高，国内高职英语教学质量也明显提高，高职生的英语水平也得到了提高。

3. 21 世纪的师资建设

20 世纪末，高职英语师资建设陷入困境。从 1999 年开始，国内各高校纷纷对英语专业学生进行扩招。据统计，1999 年全国普通高校招生人数约有 160 万人，比上一年增加了约 51 万人；2000 年的招生人数多达 220 万人，比上一年增加了约 61 万人；而 2001 年招生人数达到了 268 万人，比 2000 年增加了 48 万人。仅仅三年，各类高校在校生人数就达 1 300 多万人。急剧增加的学生人数给高校师资队伍，特别是英语师资带来了巨大的压力和挑战。在英语教学过程中，很多教师都承担着高负荷的工作，加之大班上课现象十分普遍，严重影响了高职英语教学质量。

为解决这些问题，我国众多高校纷纷加大高职英语教师队伍建设的力度。然而，这一举措不仅没有缓解师资力量短缺的状况，还造成教师整体学历、素质下滑。这一问题最终引起了教育部的高度重视。2007 年修订的《大学英语课程教学要求》中明确指出：“健全教师培训体制。教师素质是提高教学质量的关键，也是大学英语课程建设与发展的关键。

学校应建设年龄、学历和职称结构合理的师资队伍，加强对教师的培训和培养工作，鼓励教师围绕教学质量的提高积极开展教学研究，创造条件因地制宜开展多种形式的教研活动，促进教师在教学和研究工作中进行富有成效的合作，使他们尽快适应新的教学模式，同时要合理安排教师进行学术休假和进修，以促进他们学术水平的不断提高和教学方法的不断改进。”尽管如此，由于各高校高职英语师资力量的严重短缺，很多教师都忙于上课，没有时间参加培训，但随着高校英语教学改革的逐步推进，各高校仍在不断地努力着。2006年，教育部高教司发布了《关于开展大学英语教学改革巡讲活动的通知》，以便加强师资队伍建设，推广基于计算机和网络的英语新教学模式，提高教师教学水平。2006年，教育部高教司共组织3批巡讲，给全国27个城市多所高校10 000余名大学英语教师进行了培训。这3次巡讲也使高职英语教师对教学改革有了深入的认识，对促进高职英语教学改革产生了巨大的推动作用。

在此期间，很多高校积极尝试利用自己的各种资源组织师资培训活动，且一些出版社也纷纷举办培训班，邀请一些知名专家和学者以学术报告、论坛或讲座等形式来进行培训。随着国家政策的调整，特别是“质量工程”的实施，在各级教育教学相关部门的努力下，高职英语师资建设正逐年得到改善和提高。

总的来说，虽然目前我国高职英语师资队伍建设取得了丰硕的成果，但相对于我国蓬勃发展的高等教育和飞速发展的高职英语教育来说这仍是不够的。高职英语师资仍存在数量短缺、质量有待提高、教学任务繁重等问题。教育相关部门仍要给教师提供一些培训机会，进一步提高科研方法。

（四）教材建设改革的历程

在高职英语教学中，教材起着举足轻重的作用。这是因为外语这门学科的教材要肩负起比其他学科更多的任务和责任。高职英语教材不仅具有其他学科的特点，还承载着本身作为语言输出材料的功能。另外，教材还体现了一定的外语学习理念，并通过教学内容、教学材料及学习活动的编排，使教学要求更加具体化、详细化。因此，高职英语教材不仅是教师组织英语教学活动的主要依据，也是学生学习英语知识的主要来源。下面就具体来回顾一下教材建设的改革历程。

1. 第一代高职英语教材

第一代高职英语教材是1949—1966年间编写的。本阶段教材的内容偏重科技英语，教法传统，以语法为纲，以课文为中心。这与当时的英语教学大纲极为相符，即为学生以后阅读专业英语材料打下坚实的基础。可见，这一时期的高职英语教学的目的主要是培养学生的阅读能力，这也是第一代高职英语教材的一大特点。

2. 第二代高职英语教材

第二代高职英语教材是1977—1985年间编写的。由于1977年的《英语教材编写大纲》及1980年的《英语教学大纲（高等学校理工科本科四年试用）（草案）》的起草，制定比较详尽，为当时高职英语教材的编写提供了依据，因此这一时期的高职英语教材都较好地贯彻了大纲对阅读能力等的教学要求，如《英语》(1977)、《英语（理工科通用）》(1980)、《英语（理工科用）》(1981)等。

1977年，教育部在长沙召开座谈会并通过了《英语教材编写大纲》；1978年在北京召开了“全国外语教育座谈会”并颁布了《加强外语教育的几点意见》。此后，第二代高职英语教材开始呈现一番新气象，具体表现为：引进了一些国外的英语教材；教材语言更加真实、地道；教学目的和要求不再仅限于阅读，而是更强调听、说、读、写的综合能力培养。

与第一代高职英语教材相比，第二代高职英语教材在很多方面有了一定的突破，但是也存在其局限性。这是因为这一时期的教材内容仍然以科技题材为主，培养的是学生阅读科技书刊的能力。

3. 第三代高职英语教材

第三代高职英语教材是1986—2000年间编写的。第三代高职英语教材先后出现两个出版高潮。

第一个高潮出现在1986年至1988年。以这三年出版的高职英语教材为代表的第三代高职英语教材，在后来15年甚至是20年里几乎一直占据着重要的地位。

第二个出版高潮出现在20世纪末，尤其是1999年最为明显。

总的来说，第三代高职英语教材在质量上比之前的高职英语教材有了前所未有的提升，对前后两代英语教材有着承前启后的作用，它继承了前两代高职英语教材编写的优点，而且对之后乃至21世纪的编写工作有着较大的指导和规范意义，其质量得到了前所未有的提升。

4. 第四代高职英语教材

2001年至今编写的教材为第四代高职英语教材。与前三代高职英语教材相比较，第四代高职英语教材的特点更加鲜明，主要体现在以下几个方面。

(1) 强调以学生为中心

2004年和2007年颁布的大纲为第四代高职英语教材的编写工作注入了新的时代特色。这些教材在编写过程中注重学生的中心作用，重视激发学生的自我潜能，充分考虑“人”“语言”及“社会”之间的关系。

(2) 重视听、说教材的编写

第四代高职英语教材都有听、说方面的专门教材，甚至有些教材还是经过一再修订而成的。这主要是因为2004年的《大学英语课程教学要求（试行）》和2007年的《大学英语课程教学要求》都明确指出，教学目标是培养学生的英语综合应用能力，尤其是听、说的能力。

(3) 运用网络信息技术

2004年颁布的《大学英语课程教学要求（试行）》，真正将现代教育信息技术应用到英语教材中。特别是在《大学英语课程教学要求（试行）》颁布之后，高职英语教材中现代教育信息技术的运用才呈现出丰富多彩、形式多样的现象。

此外，网络课程也充分体现了第四代高职英语教材对现代教育信息技术的运用。高等教育出版社、清华大学出版社、上海外语教育出版社等多家出版社，针对其出版发行的高职英语教材还研发了相应的软件、网络课堂。

（4）呈现多元化发展

由于高职英语课程体系已经呈现多元化、立体化的景象，因此课程设置不再只是单一的综合英语类课程，而是将综合英语、语言技能、语言文化、语言使用等方面的必修课和选修课相结合。因此，高职英语教材也呈现多元化发展状态。

这期间，多家出版社组织专家、学者出版了种类繁多、内容丰富的选修课（又叫“后续课”“拓展课”）的英语教材。

※ 二、高职英语教学改革的现状分析

随着国家、社会对高职英语的关注，高职英语教学取得了可喜的成绩。但是，受一些主客观因素的影响，目前我国的高职英语教学存在着许多的问题和弊端。只有对这些问题和弊端有一个清晰的认识，才能逐步采取有针对性的措施，从而不断提高我国的高职英语教学的质量。下文就对高职英语教学的现状进行分析和探讨。

（一）学生英语水平的现状

中国的学生从小学到大学，甚至到硕士、博士研究生，都投入了大量的时间和精力学习英语。尤其是大学英语四、六级考试出现以来，大学英语教学更是得到了教师和学生的高度重视。但是，学生的英语水平却不容乐观，没有得到应有的改善和提高。这在高职高专院校表现得尤其明显。

从现实状况来说，虽然各大高校不断改善英语教学的条件、设备，学校的有关领导、教师、学生都倾注了很大的努力，但是收到的效果却很小。这样的英语教学与学习根本没有实现真正的英语教学与学习目标。

此外，对非英语专业学生而言，少数学生学习英语的目的也仅是应付 A、B 级，或者四、六级考试，考试通过之后便将英语学习扔在一边，等到毕业的时候，他们的英语水平却没有很大的提高。很多学生虽然也获得了大学英语四、六级证书，但是在听、说、写方面的能力却有待提高。当然，其中有一些学生一直比较重视英语的学习，自步入校门开始便将大量的时间和精力投入英语学习中，但是这样的学生只注重单词、语法的记忆，最终的结果则是花费了大量的时间，但是听、说、写的能力仍旧没有得到提高，平日的努力和收到的实际效果不成正比。这一无奈的英语学习现象值得人们深思。

学生英语水平普遍不高与英语教学的方式有很大关联：课堂上，教师一直讲，学生一直闭口听、记笔记，却害怕开口、害怕提问；下课后，学生也只是背单词、背笔记、做机械性的训练。这样完全没有启发式的教学使得学生既无法提高英语学习的兴趣，也无法提高英语学习的成绩。

（二）公共英语教学的现状

1. 教学模式需系统化

教师是整个课堂自始至终的主角，而学生在课堂上只是扮演倾听者的角色。这种教学模式大大降低了学生的学习兴趣和学习主动性。教师过分重视英语基础知识的传授，而严重忽视了英语综合应用能力的提高。近年来，英语教学者也在不断努力寻找各种新型的教学模式，但“填鸭式”“灌输式”的教学模式依旧存在，而且课堂上教师与学生之间的交流也仅仅是问与答的交流，而没有过多的深入交流，因此也就导致了学生空有语言知识而不会学以致用。这样培育出来的学生不仅和《大学英语课程教学要求》提出的培养目标相背离，还会逐渐被社会淘汰。

2. 教学方法应科学化

随着社会的发展，社会对外语人才的需求在不断发生变革。这使得学校培养外语人才的模式发生了变化，而教师的教学方法也随之有所改变。

另外，高职的公共英语教学大多采用大规模班级授课的方式，且学生来自全国各个地方，而不同地区的教学水平又存在很大差异，因而学生的英语基础水平也存在很大差别，这就导致了教学出现众口难调的情况。在课堂教学中，教师很难照顾到每一位学生。即使是有条件实施小班教学的院校，一些教师也仍旧倾向于采用传统的讲授方法。单调的授课方法无法调动学生的学习积极性，也就难以有效提高教学质量。

3. 英语教材需及时更新

教材是教师教授课程的重要工具。一般情况下，教师都是根据教材的编排顺序来安排课堂教学的，所以教材决定着教学内容和教学方向。然而，现在的少数高职英语教材内容更新缓慢，教材根本跟不上时代的变化，这样未及时更新的教材直接导致了教师教学内容陈旧，进而影响了学生英语水平的提升。同时，未及时更新的教材也与学生的实际生活有一定差距，从而导致学生对英语学习缺乏兴趣。由此可见，及时更新满足我国学生学习需求与教师教学需求的教材，是我国高职英语教学的当务之急。

4. 教育管理应及时具体落实

从教育管理方面来看，教育部门的相关领导对英语教学的改革问题进行过多次探讨，多次指示要大力推进公共英语教学改革。这些指示为高职英语教学改革提供了一定的指导和借鉴。另外，学校内部也在积极地采取相关措施不断推进英语教学改革。

但是，在这一改革过程中，少数教师管得过死、教得过严，考试内容过于死板等问题仍然存在。不同的学生有着不同的学习特点和学习需求，而这样的管理体制无法满足不同学生具体的学习要求。

5. 文化教育的重要性不可忽视

从世界范围来说，高等教育正朝着国际化、多元化、合作化及个性化的方向发展，因此外语教学不应该与文化教育分割开来。课程是教学的基本单元，所以也是培养学生多元文化意识及跨文化交际能力的重要载体。

在我国的高职英语课程中，还有些教师和学生认为只要掌握了英语词汇、语音及语法就等于掌握了英语。教师在教学过程中着力于语言知识的教学，忽视了英语文化背景知识的教学，从而导致学生在语言交流过程中遇到了障碍。语言是交际的工具。教师如果不了解语言所承载的文化，就难以顺利地进行沟通，那么语言的学习就失去了意义。因此，教师在英语教学过程中要帮助学生多了解一些英语国家的文化背景知识。

6. 多媒体技术需充分利用

随着社会的发展和进步，多媒体技术逐渐应用于人们的生活中，网络英语学习软件也逐步推广开来，多媒体和网络技术已经运用到教学的各个领域。在多媒体课堂中，教学课件的应用能够使教师和学生的角色发生重大变化。教师利用音频、视频系统将教学内容和图、文、像结合起来，使学生在任何角落都听得清楚、看得明白，同时学生将注意力集中在课堂之上，并且积极参与到课堂活动中。可以说，多媒体技术的应用，给高职英语教学带来了新的活力。

第三节　高职英语教学改革的新要求和新形势

英语作为国际通用型语言，其重要性不言而喻。而目前的英语教学体系存在着种种弊端，只有对其进行改革才能有效地促进英语教学质量的提高。因此，本节就以我国教学改革的新形势为依托，对高职英语教学改革提出一些最新要求，以期为之后的高职英语教学改革提供一定的思想理论指导。

※ 一、着眼于人的发展，以人为本

英语教学的首要定位就是人的教育，而高职英语教学的首要要求也应当是人本主义。教师要时刻以学生为中心，充分发挥出学生的主体作用，注重学生的全面发展，使他们具备持续学习的能力，从而为其终身学习打下良好的基础。因此，当代英语教学要求学校和教师要着眼于学生的全面发展。要促进学生的全面发展，仅靠帮助学生掌握英语知识是远远不够的，还需要注意培养学生的社会责任感、积极的情感、严谨的治学态度等，因为这些因素对学生的英语学习也有重要的影响。这就要求教师在英语教学中要尊重学生，做到以人为本，具体来说，主要从以下几个层面着手。

（一）承认学生之间的差异性

首先教师必须承认，学生之间是存在差异的，每位学生都有其独特的个性。学生的类型不同，其学习特点也存在差异。面对这些差异，教师应该为学生提供与他们实际学习需求相符的学习指导，同时也为他们提供平等的学习机会。可见，教师在教学中应该具体问

题具体分析，做到因材施教。例如：有的学生擅长口头表达，有的学生则擅长书面表达；男生比较倾向于阅读思考，女生则倾向于记忆单词、掌握规则。因此，一名优秀的英语教师应该在教学中根据学生的具体类型和特点进行具体的指导。

（二）相信学生的潜在能力

教师应该坚信，每一个学生都具有极大的学习潜能，也都有其独特、丰富的内心世界。尤其是在当今科技与网络高度发达的今天，学生在很多方面都比以往更独立，在许多问题上的思考也非常独特。因此，教师应该多与学生沟通、交流，使学生能够将教师视为朋友。同时，教师在与学生平等相处的基础上，不断获取学生的想法，进而改进自己的教学，为他们提供更加充足的发展潜能的机会。这样，英语教学也会卓有成效。

（三）发挥学生的主体作用

学生主体是指自主地、能动地参与教学活动的学生个体。在英语教学中，教师要尽量做到为每位学生创造良好的教学环境，确保每位学生能够参与到教学活动中，让学生在教学活动中不断地培养和发展自身的自主性、能动性和创造性。

（四）营造和谐的课堂氛围

要顺利地实施情感教学，营造和谐的课堂氛围是较为关键的层面。课堂教学实际上是交际的过程：如果课堂氛围和谐，交际就会有效；如果课堂气氛不和谐，交际就会无效。从某种程度来说，营造和谐的课堂交际氛围要比使用好的教学方法更重要。营造和谐的课堂氛围有赖于以下三个因素。

1. 提倡宽容的态度

英语毕竟是一门外语，不是母语，教师使用母语都会不可避免地犯错，在学习英语时犯错更是在所难免。长期以来，少数教师在教学中过于强调语言的精确性。学生只要犯一丁点的错误都会被教师打断并更正。久而久之，学生便产生了挫败感与畏难情绪，甚至出现了“谈英语色变”的情况，对英语学习提不起任何兴趣，那么英语课堂氛围沉闷也就可想而知了。

改革背景下的高职英语教学提倡教师对学生的宽容态度，即教师应该引导学生多运用英语，不必有错必纠。

此外，在英语课堂教学中，教师还需要正确处理学生的突发情况。例如，碰到学生上课打瞌睡的时候，教师不应当立刻严肃地训斥学生，而应当本着以人为本的态度关心学生。这样，学生对教师心存感激，自然也就会努力地投入英语学习当中。

2. 改善师生关系

要营造和谐的课堂氛围，教师首先要热爱自己的学生，给学生创造更多平等的机会。其次，教师要坚持人本主义思想，改变教学重教师而轻学生的传统观点，对师生之间的关系进行重新审视和调整。最后，在具体的教学过程中，教师还要为学生提供充足的学习空间，让不同类型、不同水平的学生都能够在学习过程中获得乐趣、成就感和满足感。学生们如果感受到成功，就会不断提高自己对这门功课的兴趣和积极性，这也就必然会推动教学质量的提高。

3. 注重情感交流

研究表明，教师对学生能力的信心在一定程度上直接影响着学生学习的效果。因此，在英语课堂上，教师自身应该始终保持高昂的、乐观向上的精神状态，对学生要倾注所有的热情，并用这种态度将学生的积极情感调动出来。同时，教师要对学生充满信心，多表扬与鼓励学生，提高他们英语学习的积极性与主动性。

※ 二、注重培养学生的综合运用能力

英语教学要注重培养学生运用语言的综合能力，这也是英语教学最基本的目标所在。在新一轮的高职英语教学改革中，国家推出了新的《全日制义务教育普通高级中学英语课程标准（实验稿）》，其中对英语课程的内容和目标做了如下表述：基础教育阶段英语课程的目标是培养学生的综合语言运用能力。这种能力的形成建立在语言技能、语言知识、情感素质、学习策略以及文化意识等素质整合发展的基础之上。要培养学生语言的综合运用能力，教师需要深刻认识以下三点内容。

（一）语言技能的掌握是学习语言的主要目的

语言技能包括听、说、读、写、译五个方面的基本技能及综合运用能力。听、读是语言的输入，侧重知识的吸收；说、写是语言的输出，侧重知识的表达；翻译既有输入，也有输出。学生在交际过程中通过吸收和表达知识信息，不断地提高语言运用的能力。因此，在英语教学中，教师要引导学生通过大量的听、说、读、写、译的实践，提高学生综合运用英语的能力。可以说，在英语教学中，听、说、读、写、译不仅是学习英语的目的，还是学习手段。

（二）必要的语言基础知识的学习有助于英语学习

学习必要的语言基础知识是形成能力的基础，有利于辅助英语学习。

虽然教师反对英语课一直围绕语法教学进行，将英语课上成语法课，但是这并不意味着学生就不需要学习语法了。相反，学习必要的语法基础知识是非常有必要的，这是因为语言的基础知识不仅仅是构成语言能力的重要组成部分，还是培养和发展语言技能的重要方面。

需要注意的是，学习必要的语言基础知识也并不意味着把学习语言基础知识作为课堂教学的唯一目的，也就是说，绝对不能把英语课当成是语言知识课来上。因为语言知识学习最终的落脚点就是实际的综合运用，只有在学习基本语言知识的基础上，辅以适当的实践训练，才能真正提高学生的综合运用能力。

（三）语言能力的高低与心理因素和学习策略有关

心理因素不仅关系到人的发展，还关系到英语的学习。学生只有对英语学习抱着积极的态度，自发主动地参与，才能对英语持有无限的热情与动力，才能学好英语。因此，英语教学一定要注重学生的心理因素。

学习动机是学生学习英语的首要心理因素，而对英语学习的态度、兴趣、情绪则是促使学生产生英语学习动机的核心因素。因此，在英语教学中，教师一定要通过培养学生的学习态度、兴趣、情绪来激发学生的学习动机。

除了激励学生英语学习的动机，教师还要注重指导学生选择正确的英语学习方法与策略。学习方法就是充分发挥智慧来学习。学习策略让学生在学习过程中不断地提高学习效率，从而产生良好的学习效果。

※ 三、努力提高学生的认识能力

目前，英语教学正在经历由知识型教学向技能型教学转变的过程，也就是说，英语教学不仅需要提高语言技能，也需要传授相应的语言知识，当然还需要培养并提高学生的认识能力。下面将探讨改革背景下的高职英语教学中提高学生认识能力的意义与途径。

（一）提高学生认识能力的意义

高职英语教学改革中提高学生认识能力的意义，可以从以下两个关系来理解。

1. 母语与英语的关系

教师的知识大都是通过母语获得的。没有学过英语的人，一般会非常娴熟地、得心应手地使用母语，但他们对母语的认识往往是非常有限的。相反，学习英语的很多人都有过这样的体会与经验：人们在学习英语之前，往往对很多母语词汇“只知其然而不知其所以然”，只有当学习了英语之后，他们才能形成对这些母语词语的理性认识。

由此可见，学习英语不仅仅是获得知识的一种手段，也是获得一种新的认识方式和认识能力的途径。曾流行于苏联的自觉对比教学法，就是特别强调通过母语和外语的对比来提高学生的整个文化素养，发展他们的智力水平。因此，教师不应该因为语言而教授语言，而应该超越语言来教授语言，将语言的教育价值在深度和广度上进行挖掘和探索，而不应该仅仅将其作为一种语言知识和技能来教授。

2. 语言与思维的关系

文化语言学认为，语言与思维是密切联系的统一整体。作为思维的物质载体，语言是思维得以存在和发展的媒介。语言能力的发展和思维能力的发展，应当是相互促进、辩证统一的。

语言是人类文化的一种表现形式，它不仅凝结了全部的人类文化成果，还将各个民族的文化（如思维方式、价值观念、审美情趣等）按照一定的结构形式（如词语的概念、组合、排列等）表现出来。通过对英汉词汇语义的对比，教师可以发现，由于英汉两种语言分别产生和发展于不同的社会形态和历史背景之下，它们的词汇系统之间很少出现语义一一对应的现象。英汉词义大部分都是不完全对应的，即介于完全对应与无对应之间。例如，英语中的“brother”既可以表示“哥哥”，也可以表示“弟弟”；英语中的“cousin”一词包括了旁系亲属同辈的所有男性和女性。相比之下，尽管汉语中有丰富的关于亲属关系的词汇，但是无法实现与上述英语词汇的完全对应。

以上这种英汉词汇之间存在的差异，实际上反映了英汉两个民族在社会背景、历史背景及思维方式上的差异。中国受两千年封建社会体制的影响，遵循的是以家庭为中心的等级制度。而西方社会却不然，西方社会步入资本主义社会的时间较长，他们崇尚个体的独立，提倡个人解放，反而对家庭观念缺乏一定的重视，这就致使在表达亲属关系方面的词汇相对较少，反而表现个人独立意识的词汇和表达却相当丰富。例如，在英语国家中，人们认为“privacy”（个人的隐私）是神圣不可侵犯的，但在汉语中却没有如此的重要。

可见，学习语言不仅是学习词汇与语法，同时也是学习如何进入一种新的文化视野，经历一种新的思想观念的冲击，进而受一种不同环境下民族的思维方式的影响和诱导。英语教师如果能够对这一层面有着深刻的认识，那么必然会在教学中有目的、有计划、有意识地发展学生的认识能力和思维能力，使学生能够形成新的认识机制和感受机制。

（二）提高学生认识能力的途径

要想在英语教学中不断提高学生的认识能力，就必须要选择合理的教学途径和方法。具体来说，教师要做到以下两点。

1. 坚持以话语为中心的教学

英语教学经历了从词本位教学（翻译法）到句本位教学（听说法）再到话语本位教学（交际法）的发展历程。

从语言与思维的关系来看，词是概念的表达形式，句子是判断的表现形式，话语是智力本质的推理活动的表现形式。语言和思维应该与话语相统一。侧重翻译的本位教学法和侧重听说的句本位教学法都是脱离一定的思维活动的，采用这两种方法的教学会导致学生的机械性的、无意识的模仿和重复性的活动，并且无法有效发展学生的智力。而在话语本位教学中，话语包含词语与语境之间的衔接连贯等因素，被视为基本的言语交际单位，更体现语言的整体性及连贯性。

此外，话语分析和篇章语言学的兴起不仅为话语本位教学提供了一定的理论基础，还为其提供了一些具体的分析方法，并且使教学活动更为科学化和系统化。因此，英语教师不仅要掌握这些理论，还要将这些理论与具体的教学实践联系起来。

2. 坚持“文道统一”原则

众所周知，语言与思想是密不可分的。语言教学应当与思想教育活动统一起来，在教学过程中同时兼顾训练与思想教育两方面的内容，这就是所谓的“文道统一”。

传统的英语教学存在一定的弊端，如注重形式、轻视内容，注重技巧、轻视智能。语言是工具，但语言教育的目的是超越工具这一范畴的，其宗旨是实现更高层次的教育目标。

而坚持“文道统一”是实现这一教育目标的最好手段。具体来说，教师要做到以下两点。

第一，教师要提高自身的素养。英语教学中存在着一条普遍的规律称为“自同构规律”，也就是说，教师将希望寄托在学生的每一种素质和能力上，而教师应在教学之前具备这些素质和能力。可见，要想有效提高学生的认识能力，教师在备课中进行“智力投资”是首先必备的条件。教师只有首先经历了情感层次的智力体验，才能将这些体验转嫁到学生身上，让学生身临其境。

第二，在阅读教学中，教师应该对文章的整体层次和结构有一个深入的了解和认识，然后引导学生对其中有价值的、富有文化底蕴的内容进行挖掘和探讨，使学生在语言学习的过程中也能感受到真、善、美，人格也在不断地升华。这样的教学方式不仅提高了学生的认识能力，还提高了学生的人格修养。

※ 四、充分利用多媒体、网络技术

与传统的高职英语教学相比，多媒体、网络教学给学生的英语学习创造了一个完全自由、自主的学习空间，其本身存在着很多的优势。

其一，计算机软件可以为学生提供地道的发音，生动形象地将知识内容呈现给学生，便于学生理解和记忆。

其二，多媒体技术将图、文、影像等教学资料统一地结合起来，让枯燥的文字充满色彩。这样的方式很容易激发学生的学习兴趣，也突破了时空的限制。学生不必再拘泥于课堂学习，可在任何的时间、地点进行自由的学习。这样在增加学生学习时间的同时，还激发了学生的学习兴趣。

其三，网络技术为学生提供了充足的、自由的空间，让学生通过网络进行学习，同时，教师也可以通过网络给学生布置任务、评定任务。这在一定程度上减轻了教师和学生的负担，有助于培养学生的自主学习能力。

因此，在教学中教师要充分利用多媒体、网络技术，最大限度地发挥多媒体、网络技术在英语教学中的作用。

※ 五、提升学生的文化素养

语言是文化的载体，是反映民族文化的一面镜子。语言与文化具有密不可分的关系。教师学习英语，不仅仅是学习英语这一门语言，还要学习英语背后所蕴含的丰富文化。

经济、技术、信息的交往，以及商品、资本、人员的流动，使世界各国的文化突破特定的地域环境和社会语境，融入全球性互动的文化网络之中。多元文化已成为文化的基本格局。在这样的时代背景下，文化素质的培养毫无疑问成为高职英语教学的重要内容。

文化教学能够提升学生的国际理解力和竞争力，帮助他们用全面的眼光和角度来审视和认识本国与他国文化，从而积极有效地推进国家间的交流与合作。同时，文化教学还能帮助学生对本国文化产生更深刻的认识，增强他们的民族自尊心与自豪感，使其在跨文化交际中把优秀的文化传统在国外发扬光大，为世界文化的繁荣贡献自己的力量。

※ 六、评估方法多元化

教学目标是否实现，要依靠教学评估来检验。因此，评估是高职英语教学的一个重要方面。

多年以来，高职英语教学采取单一、机械、落后的评估方式，忽视了英语教师对自己的教学和学生对教师的教学的评估，忽视了学生的自我评估和小组评估，过分夸大了评估的选拔作用而忽视了其反馈功能，不利于培养学生的合作精神，也不利于构建和谐的师生关系。

时代的进步对教学评估方式提出了新的要求，如测试中的客观题减少、主观题增加；终结性评估不再“独霸天下”，增加形成性评估权重等。随着人们对教学评估改革意识的增强，依赖于网络而实现的评估方式也逐渐发展起来。这些评估方式大多具有开放性、形成性和多维性的特点。例如，多元化的评估方法允许学生多次考试，让他们看到自己的进步和成功；尊重每位学生的学习进度、学习阶段和自我感受，让他们为完成学习任务而学习，而不是单纯为了应付考试而学习。

第四章 成果导向教育的立论逻辑

第一节 成果导向教育的内涵释义

科学、明晰的概念是思维的重要工具，对问题的研究具有前提性和基础性的价值，也决定了研究所能达到的深度与高度。“成果导向”是本书设计英语教学课程的理念，教师应首先厘清“成果”“成果导向”“成果导向教育”等概念的基本内涵。

※ 一、成果导向教育的内涵

成果导向教育自 1981 年由斯派蒂提出以来，凭借其理念的科学性、实施架构的合理性和良好的社会综合评价很快得到了人们的关注、重视与认可，并已经成为美国、加拿大、英国等国家教育改革的主流理念，被公认为“追求教育卓越的一个正确方向和值得借鉴的教育改革理念”，在全球范围内产生了广泛影响。

（一）成果

成果（Outcomes）作为成果导向教育的逻辑原点，是学习者在完成学习后所知道的、理解的和具备的能力，其核心是学生完成学业后可以“带得走”的能力。斯派蒂认为，成果不是学生头脑中的价值观念、态度或心理状态，而是学生用其知道的和学到的东西确实能做到的结果，即将其所学内容真实应用。那么，成果就是学生最终取得的学习结果，且结果产生于某一阶段学习之后所能达到的最大能力。具体而言，成果具有以下特点。

第一，成果不是先前学习经验的集合或平均，而是学生完成所有学习过程后获得的能力与展现的结果；

第二，成果并非学习成效的短暂表现，其不仅是学习者的信念、感觉、知道或记得，更是学生将学习内化到心灵深处运作的历程；

第三，成果不仅包括学习者所知道、了解的知识内容，还包括应用于实际的能力，及可能涉及的价值观或其他情感因素；

第四，成果与学生学习经验的联结越强、越接近“真实学习经验”，在学生离开学校后就越可能持久存在，尤其是经过长期、广泛实践的成果，其存续性更高；

第五，成果应兼顾生活的重要内容或技能，并真正应用于生活实践中，否则将变成易忘的信息或片面的知识；

第六，最终成果并未忽视学习的“经历”，学校应该依据最后取得的顶峰成果，遵循反向设计原则设计课程，分阶段对阶段学习成果进行评价。

（二）成果导向教育

成果导向教育是一种以学生的学习成果（Learning Outcomes）为导向的教育理念，认为课程设计和课程实施的指向是学生通过教育过程最后所取得的学习成果。其强调的是对学生行为结果的测量，注重学生学完之后能真正做什么，而不是学了什么。在成果导向教育下，成果决定过程，课程设置以最后顶峰成果为导向，在学习结束之后，学生应当展示自己所学到的知识，它注重课程内容、教学方法、教学策略与教学评价之间的高度匹配。成果导向教育主要阐明 4 个核心问题，具体如下。

“是什么”的问题，即：教师想让学生取得什么学习成果？

“为什么”的问题，即：为什么想让学生取得这样的学习成果？

“如何帮助”的问题，即：如何有效地帮助学生取得这些学习成果？

“如何知道”的问题，即：如何知道学生已经取得了这些学习成果？

成果导向教育的基本原理是“所有学习者均能成功”（Success of All），以所有学生均能成功为前提，但并非以相同的途径或方式、用相同的时间达到同一目标。同时，成果导向教育倡导以学生为中心，重视学生的个性发展，扩展学习机会，强调学生个人的进步表现和学业成就。教育系统应聚焦于鼓励学生采取合作、协助等学习策略分阶段逐级达成顶峰成果。而且，成果导向教育（Outcome-based Education，OBE）主张采用多元化评价方式，制定相应的评价考核标准，并做好数据收集、整理和分析工作，以证明学生达到了预期的学习成果，从而推动学生与学校共同发展。

斯派蒂在其著作《成果导向教育：重要的争议和答案》（Outcome-based Education：Critical Issues and Answers）一书中对成果导向教育的内涵及其构成的关键要素进行了深入的剖析，并提出成果导向金字塔（OBE Pyramid）的概念，将其作为表达成果导向教育内涵的工具。该成果导向金字塔分为：一个执行范例（Paradigm of Operating）、两个关键目的（Key Purposes）、三个关键前提（Key Premises）、四个执行原则（Operating Principles）以及五项通用领域实践（Generic Domains Practices）。但是，在具体实践应用过程中，应该将范例、目的、前提以及原则等予以具体化，才不会扭曲成果导向教育的本质。

一个执行范例，即成果导向课程设计所依据的价值取向，并用以指导成果导向金字塔其他各层级的设计与实现。主张在成果导向教育实施的开始应该有一个清晰的愿景或架构，清楚阐释学生在专业领域应具有的核心能力，而后围绕学生应具备的核心能力反向设计课程目标、课程内容、课程实施以及评价，促使所有学生均能达到预期的学习成果。同时，成果导向教育的范例还强调依据“什么”（What）与“是否”能成功学习，比“何时”（When）及“如何”（How）学习更重要。

两个关键目的，即设计成果蓝图以及营造成功情境或机会。具体而言：一是设计一张清晰的学习成果蓝图（或一个愿景），并勾勒出必备的能力与内容，确认这些是学生毕业时用以达到成功所需的知识、能力和素养；二是创设一个让所有学生能够达成预期成果的情境或机会，即营造一个获得成功的情境或机会。

三个关键前提，成果导向教育三大关键前提为：一是所有学生都能学习并获得成功，但并非同时或使用相同的途径和方式；二是成功学习促进更成功的学习，成功是成功之母；三是学校的各项工作、资源配置、设备实施等将直接影响学生能否成功学习。

四个执行原则，实施成果导向教育的四个原则被各国学习继承与实践，这四个执行原则可以归纳为：一是清楚聚焦（Clarity of Focus），聚焦顶峰学习成果；二是扩大机会（Expanded Opportunity），扩大机会与支持成功学习；三是高度期许（High Expectations），期待所有学生都获得成功；四是反向设计（Design Down），是相对于传统的正向设计而言的，是指课程设计从顶峰成果反向设计以确定所有迈向顶峰成果的教学的适切性。

五项通用领域实践，即成果导向教育的实施要点：步骤一，定义成果（Define Outcomes），顶峰成果既是全部教育活动的指向，又是学生成功的标准。因此，实施成果导向教育必须清楚明确定义成果。步骤二，设计课程（Design Curriculum），学习成果代表一种能力结构，这种能力主要通过课程与教学来实现，因此，课程内容建构对达成学习成果尤为重要。成果导向视域下的课程设计注重将课程架构、教学实施、测验及证书等内容整合，提倡与生活情境结合的跨领域以及跨年级的课程。但无论如何设计，学习成果与课程结构应有一种清晰的映射关系，每一种学习成果要有明确的课程来支撑。步骤三，教学授课（Deliver Instruction），基于成果导向教育的教学特别强调学生学到了什么，能做什么。注重输出而不是输入，注重引导学生思考而非直接灌输，注重个性化教学而非“车厢式”教学，注重产出与能力，并鼓励批判思考、沟通、推理、评论、回馈和行动。步骤四，结果认证（Document Results），成果导向的评价聚焦于学习成果上，采用多元和梯次的评价标准，评价强调达成学习成果的内涵和个人的学习进步，而非学生间的成果比较。根据学生达到学习成果要求的程度进行针对性的评价与反馈，给予通过与否的评定结果，并通过对学生学习状态的精准把握，为学校和教师改进教学提供参考。步骤五，决定进阶（Determine Advancement），成果导向教育强调所有学生均应该拥有成功学习的机会，将学生的学习进程设定为几个阶段，并确定每个阶段的学习目标，让学生在学习过程中由初级到高级最终达成顶峰成果，逐步获得成功。同时，值得注意的是具有不同学习能力的学生可以用不同的时间、通过不同途径和方式，达成同一目标。

※ 二、成果导向教育的特点

成果导向教育是美国 20 世纪 90 年代教育改革的重要方针，改革的转向即重视学生行为与核心能力发展的课程模式。传统教育的课程规划重点是教师教授的课程内容，以此为中心的课程设计与教育方式，不但无法培养学生的实践知识，更忽略了人际关系、统整思考、文化关怀等的发展，造成课程内容与学生的能力需求无法匹配。相反，成果导向教育是以学生能力为中心来设计课程内容，能达到学生在未来社会所需的实际能力。以下进一步分析成果导向教育的特点。

（一）成果导向教育是一种更具有弹性的教育方式

传统教育严格执行规定的学习程序，“就像将学生装进了以同样速度和方式运行的车厢”，限制了学生成功的机会，但成果导向教育以扩大机会取代限制机会。“扩大”意味着可修改、可调整、可变化，而非仅仅是延长或增加学习时间，因此，增加了学习过程中更多的可能性。成果导向教育强调扩大机会，就是以学习成果为导向，以学习成果为评价依据，以调整或弹性回应学生的学习需求。依此，可以帮助教师研究反思学生真实的学习需求，进而采取适宜的教学方式，以帮助学生达到设定的目标能力。与此同时，学生也可以确切得知自己的能力情况，并于毕业后向家长、工作单位证明已取得的各项学习成果。但是，要注意强调明确的学习成果，避免最终的学习流于形式，导致弹性学习的意旨被曲解。

（二）成果导向教育有助于发展整合性的课程与教学

成果导向教育强调知识的整合，即教育的课程设计与建构以顶峰成果为设计起点，让学生能整合多样的内容、概念和能力。这些整合性能力的发展需要学校和教师为其提供更多跨领域学习的机会，也需要教师不断提升与改进其教学策略，并保持教师间的深度合作。这样才能全面规划与设计有效的成果导向教育教学系统与流程，促进学生跨领域学习，获得整合性的经验与能力。此外，成果导向教育是协同架构而不是孤立架构，传统教育的某一门课程无法达到成果导向教育所展现的复杂与高层次的表现与成就，如：沟通能力、解决问题的能力等。这些整合性能力是不能仅仅通过学习某一门课程就可以培养与发展出来的，需要在整合性的课程群中长时间地持续努力。所以，教师之间应建立一个沟通与协作的平台，协同合作去执行这些学习经验与策略，以培养学生的复合型能力。

（三）成果导向教育有助于产生适性的学习方式

成果导向教育强调同伴合作、协同学习，鼓励学生根据自己的特质和学习需求拟定学习目标，发展个人潜能，进而完成自我实现。在这种环境中，教师必须配合学生差异进行教学，与相关教师协同教学，鼓励学生合作学习、协同学习、团队合作，帮助学生在学习过程中增强自我的表现，促使学生达到自我参照标准，让每个学生都能成功学习。此外，成果导向教育强调包容性成功而非分等成功，不限制成功学生的名额数量，也不要求学生必须达到一样的标准，而采取各种鼓励措施，创造各种机会，逐步引导每位学生都可以达成顶峰成果，获得成功。但是，这种适性的学习方式与包容性的成功做法更需要精心的规划与设计，避免学习成果目标定位不准确，将资质优异的学生当成普通学生来教导，而同时又使得一些学生因无法达成自己期待的目标而产生挫败感。

（四）成果导向教育有助于提供多元的评价方式

有效的评价，在成果导向教育中是完整的学习过程不可或缺的一部分，包含过程与成果、标准与效度范围的持续评价，会激发学生对学习的责任感。第一，在成果导向教育中，以成果认证、成果表现取代传统教育的证书认证。这意味着学生必须清楚地展现已到达规定的标准与效度才能获得学分，而非只是学生在规定时间内完成规定课程的学分。因此，也必须先制定清楚的学习标准和学习成果范例，让学生能通过依据、参考明确的标准和成果范例来展现自我的实际表现和成果。第二，注重学生在学习过程中表现出的最好结果，由学习表现的顶峰成就取代平均表现的累积成就。这要求教师除了聚焦于学生的过程表现外，更要重视各学习阶段的表现和毕业时的顶峰成果。第三，强调标准效度评价而非竞争性评价。在成果导向教育中，标准（Criterion）是应该要表现的结果，是成果表现的一个元素，效度（Validation）指有效性、正确性。标准与效度二者结合就是一种评价、检验与证明的方法，同时提供准确、适宜的信息用以说明与解释学生的表现，进而分析判断其是否符合或超越所设定的绩效标准。然而，由于目前成果导向教育仍然在发展中，所以对各项能力的评价普遍缺乏具有信度、效度的工具，而且教师开发、使用新的评价工具与方法的能力也有待发展与加强。

※ 三、成果导向英语教学课程的内涵

成果导向英语教学课程可以说是一种实践理念或范式的转变，它与目前英语教学课程相比具有一定的差异性。当前英语教学课程以实习组织安排的完整性为重点，注重投入与过程，主张学习资源的有效配置与机制的有效运转，实习评价往往倾向于结果评价。然而，成果导向英语教学课程主张以学生的学习成果为逻辑起点和终点，围绕学生学习成果反向设计、实施以及评价英语教学课程内容。围绕学习成果反向设计是成果导向英语教学课程的核心所在，目前英语教学课程仅仅被视为教师教育课程中的一个环节，是理论运用于实践的一个经历，而在一定程度上忽视了专业的需求，也缺少课程化的设计。因此，目前英语教学课程结束后，学生对的工作要求只能“适应”，而很难做到“满足”。而成果导向英语教学课程则不然，它反向设计、正向实施，此时“需求”既是起点也是终点，从而最大程度上保证了英语课程目标与结果的一致性。成果导向英语教学课程与传统英语教学课程的对比具体体现在以下几个方面（见表 4-1）。

由此可见，“成果导向”为当前英语教学课程提供了一个新的思维路径、技术与工具。本书强调成果导向英语教学课程，并非否定和排斥当前的英语教学课程理念与实施模式，而是在此基础上借鉴 OBE 理念反向设计英语课程，始终以学习成果为指导来设计英语教学课程内容，以学生为中心组织实施英语教学课程，并采用多元化的英语教学课程评价主体、评价方法等。成果导向为教师设计英语教学课程提供了一个更为适宜的视角，从而帮助教师提高英语教学课程品质与英语教学课程成绩的信度和效度。为了深入探究英语教学

课程的相关课程元素，本书将遵循课程理论的视角，从英语教学课程目标、内容、实施以及评价等课程要素来探讨基于成果导向的英语教学课程设计的内在逻辑。

表 4-1 成果导向英语教学课程与传统英语教学课程的比较及其对高校英语教学课程设计的启示

差异项	成果导向的英语教学课程	传统教育实习课程	对高职英语教学课程设计的启示
目标	聚焦于学习成果，形成可迁移的实践性知识，学生可形成教育教学判断、决策和评价能力（可以直接或间接测评），为未来专业发展与成长做好准备	应用与检验理论知识，形成全面熟练的教学技能，为入职做好准备	设计一张清晰明确的实习学习成果蓝图，以此反向设计、实施以及评价学习内容，通过学习课程目标可以让教师、学生对学习课程培养的具体能力有非常清晰的认知，且设计不同目标所代表的权重，以帮助师生明确其应该付出的努力程度
内容	强调实践性知识、能力整合，是从基于实践性知识，能力的学习成果反向设计内容，使内容的安排都与学习成果相呼应	教学任务、实习任务、调查研究等	根据学习成果设计学习课程内容模块与具体内容，做到纵向贯通、横向统整
实施	强调协同指导，强化导师间沟通合作、同伴合作学习，以学生为中心、以成果为导向，实施诊断、评价、反馈以及建设性地介入等策略	双导师边界清晰，很少沟通与合作，按照实习规定的程序、时间、进度实施	清楚聚焦学习成果而创设成功学习的学习环境，充分考虑学生的多样性与差异性，提倡教师善用不同的指导策略且协同合作，鼓励学生使用不同的实践学习方法，同伴互助合作。协同指导使学生获得高阶的思考与深度的学习经验
评价	评价与学习成果相呼应，能力导向，多元评价。强调标准参照、自我参照，评价注重学生的最高成绩标准以及内涵的比较，并在学习过程中不检查进步情形，常运用符合 / 不符合、通过 / 不通过、达成 / 未达成等作为终极评价	评价与规定程序相呼应，“文本”导向，以教师为中心的终结性评价 强调共同标准，评价注重学生间的比较，常运用差 / 中等 / 良好 / 优秀等级评价，往往缺少回馈和改进措施	评价强调以学生为中心，以学习成果为导向，构建基于学习成果的“过程 + 结果”的双层评价、学习成果的达成性评价的评价内容，综合采用审核成果文件、实际操作及实践体验等多种评价方式

第二节　成果导向教育的理论基础

深入分析成果导向教育，从其表象上依稀可见有杜威的“目的与手段之关系”的影子，继而又传承了泰勒（Taylor）原理的“目标模式”，最后又深受派纳（Pinar）的“自传式课程”的影响。其实作为美国 20 世纪 60 年代教育改革的产物之一，它并不是一个新的概念，而是结合了目标教育理论、能力本位教育、精熟学习以及标准参照评量。

※ 一、目标教育理论

教师的教与学生的学在预期目标上存在的不协调与不同步的矛盾一直以来就备受关注。最早可以追溯到斯宾塞（Spencer）的教育规划目标论，而后赫尔巴特（Herbart）提出课程计划并阐述了由目标引导教学行为的重要性，最后，泰勒深化了在教育目标中应用课程设计和教学策略的理念，并就此提出了泰勒原理的四个基本问题。由泰勒所论证的教育目标原理被广泛应用于课程论，并成为课程设计模型的理论来源，而上述学者提出的相关理论构建了成果导向教育的根基。后来，布鲁姆（Bloom）的教育目标发展分类理论也对成果导向教育做出了重要贡献，其对教育认知理念的表述成为了 OBE 成果描述的标尺。

※ 二、能力本位教育

20 世纪 60 年代末美国就业市场发生了巨大改变，当时人们怀疑学校教育是否真能帮助学生适应未来生活的职业和角色，因此提出能力本位教育的概念以对此表示回应。能力本位教育强调学校或教师应该以学习成果为依据，拟定教学目标，统整教学经验及其评价。在实际运用过程中，主要形成内回圈与外回圈两个主轴。内回圈是指维持适当的教学成效，确保学生毕业时能具备规范的能力；外回圈则是维持适宜的教育目标，并确保学生在毕业时实现此目标。通过内、外回圈模式改善传统教育认证标准僵化及缺乏弹性等问题，强调持续改进的课程设计与评价标准，团队合作、协同学习以及经验创新等能力产出。最后，由教育相关部门专门组织对学生核心能力目标及学习成果的评价与认证。

※ 三、精熟学习

精熟学习强调教学的目的在于促进每位学生能够精熟学习内容，评价的目标不是区别学生学习成绩的高低，而是促使所有学生的学习都能达到预期的目标。

因此，精熟学习的教学历程分为两个步骤：第一，设定教学目标；第二，利用形成性评价，提供教学与学习者回馈，以改善教学与学习，并将此步骤不断循环，直至完成学习目标。基于此理念，1996 年美国高等教育协会（American Association for Higher Education）提出了“学生学习评价优良实施的九项原则”（9 Principles of Good Practice for Assessing Student Learning），并成为许多高等教育机构所采用的标准，它将评价从狭隘的最终学习成果考核延展为学习历程的能力评价与协助，具体而言包括：

1）依据教育的本质评价学生学习；

2）以多元、整合、持续性的方向了解学生的学习情况；

3）建构明确的目标以及评价指标；

4）成果评价应该包括学生成果与过程经验；

5）成果评价应该持续渐进；

6）多元评价主体参与评估；

7）不为评价学生学习成果而评价；

8）重视评价在教育变革中的重要地位，评价才有可能促进改进；

9）实施有效评价，发挥评价的效用，让教育者能对学生与社会大众负责。

※ 四、标准参照评量

1963 年格拉泽（Glaser）提出了标准参照评量理念，其理念内涵是根据个别学生的知识、能力表现，赋予其从不熟练到表现优异的不同评定等级，并针对不同学生的学习情况提供明确的反馈信息。学校和教师可以借由标准参照评量以规划课程方案、提供适性教学以及评价课程方案的实施效果。基于此理念，美国西部各州校院协会（Western Association of Schools and Colleges）提出“学生学习成果本位评估模式”，具体而言，包括以下五个方面。

（一）学习目标

借由具体的学习目标规划，结合学校的培养宗旨或愿景，成为学生努力的参考方向。

（二）学习成果

高等院校学生学习成果大致包含学校层级、学院层级、专业层级、个别课程及学生服务等层级，通过评价学生在各个阶段的学习与发展表现的结果，以此作为学校或院系课程规划与改善教学的参考。

（三）证据参照

学生课程学习的作业成果，不仅仅局限于考试成绩，还可以是各种形式的学习表现，如参与讨论、提交报告、发表见解等，以多元方式评价学生学习成果。

（四）准则规划

根据学校和教师规划的课程准则，促使学生清楚了解自我作业成果的完成度，并以此作为参照以引导学生努力学习。同时，教师结合与参考专业与非专业领域内不同课程教师的专业判断，给予学生适时、适当的反馈与帮助。

（五）标准依据

在学生学习成果本位评估模式中，将学生学习标准分为优良、令人满意、未达到要求三级标准，通过准则与标准相互对应的方式，帮助教师和学生更加清晰课程的要求与标准。

成果导向教育综合上述理念的内涵与特征，重点关注如何帮助学生在学习结束时获得成功，明确规定学生毕业后能达成某项任务的能力，而教育系统则聚焦于促成学生达成此能力。因此，成果导向教育关键在于建构一个清晰的学习成果模式，并在教育系统中建立教学支援情境与扩展机会，以帮助所有学生达到预期的学习成果。

第三节　成果导向教育的执行原则与架构

※ 一、成果导向教育的执行原则

（一）清楚聚焦

清楚聚焦是成果导向教育执行原则中最重要、最不可或缺和最基本的原则。其内涵是：第一，建构一张清晰明确的学生学习成果的蓝图，以此作为课程、教学、评价设计与执行的起点，并与所有的学习紧密结合；第二，不论是教学设计还是评价设计，都要以学生能够成功地展示学习成果为最优原则；第三，教师自始至终都以伙伴关系介入学生的学习过程中，分享、解释、示范以协助其达成各阶段的学习成果，并共同分享成功的喜悦。因此，课程设计与教学要清楚地聚焦于学生在一段学习经历后能达成的顶峰学习成果，同时，教师也应该引导学生将他们的学习目标聚焦于这些学习成果上。

（二）扩大机会

扩大机会要求学校和教师要努力为所有学生提供更多成功的机会，原因在于不是所有学生都能在同一时间以同样的方式学习同样的内容。因此，就需要学校和教师以更加弹性的方式回应学生的个体差异，给予学生更多学习重要内容与展示学习成果的机会。斯派蒂在《成果导向教育：重要的争议和答案》一书中指出机会的五个关键点：时间（Time）、方法与模式（Methods and Modalities）、操作原则（Operational Principles）、绩效标准（Performance Standards）、课程实施与建构（Curriculum Access and Structuring）。

1. 时间

学校的教学时间、学习时间、课程组合与学习成果绩效息息相关。教学时间即教师接触学生与支持学生学习的教学时间数量；学习时间则是给予学生的学习时数；课程组合指学生可以在规定的时间范围内，选择特定的课程组合。成果导向教育强调，可以经由扩大学习机会的持续性、频繁性以及确定学习机会发生的精准时间，来提升学生学习成效。教师为掌握学习机会发生的精准时间，应该重新设计教学时间、学习时间以及课程组合的方式。

2. 方法与模式

成果导向教育充分考虑学生的多样性与差异性，提倡教师善用不同的教学形式，鼓励学生试用不同的学习方法，赋予师生教与学的弹性、自主性与多元性。同时，强调教师运用不同形式的教学方法比单纯地调整教学时间长短，更能扩大学生成功学习的机会。

3. 操作原则

教师同时应用清楚聚焦、高度期许以及反向设计三原则来执行，并保持系统性与创造性，可扩大学生成功学习的机会。清楚聚焦可以建立一个明确的学习成果目标；高度期许可以加强学生的学习动机，进而激励学生达到预期成果目标；反向设计则提供学生清楚所追求目标与达到预期学习成果目标的课程。

4. 绩效标准

绩效标准是促使全部学生逐级达到顶峰学习成果，迈向成功的关键。因此，首先要明确学生被赋予高期许的绩效标准，但不限制达到绩效标准的学生份额与数量，而是积极引导其迈向成功，扩大学生成功学习的机会。

5. 课程实施与建构

如果学生只用片段时间学习课程或者学校不提供学生所需要的课程，那么学生的学习与未来成功的机会将受到制约。因此，学校和教师应该构建弹性、连续、多元的学习课程，使学生获得高阶的思考与深度的学习经验，如此才能扩大学生持续改进与深入内化学习的机会。

（三）高度期许

高度期许即学校和教师提高对所有学生学习的期待，支持其达到预期的顶峰学习成果，制定具有挑战性的绩效标准，鼓励学生深度学习，促进其更有效率地学习。高度期许包含三个方面的内容：

（1）提升学生可接受的绩效标准，促使学生完成学习进程后达到更高水平；

（2）排除学生达到预期学习目标的障碍，鼓励学生迈向高峰表现；

（3）增设高层次课程，采用高水平的绩效标准。

以上三个维度的高度期许可以改变学校的学习氛围与学习风气，引导学生在充满挑战性的学习过程中获得较高的成就。然而，高度期许除强调高绩效标准外，更强调增加对学生的期望以及促使学生成功学习，不然一味地提高绩效标准反而会降低学生的通过率，为学生的学习历程带来障碍。同时，高度期许还强调教师应该期待、鼓励学生迈向自我实现。

（四）反向设计

成果导向教育要求学校和教师最先明确定义学生的顶峰学习成果，然后，课程与教学设计从顶峰学习成果反向设计，教师教学的出发点不是要教什么，而是先预想学生的顶峰学习成果，再决定教什么，并充分考虑所有迈向顶峰学习成果教学的适切性，将学生顶峰学习成果作为教学的最终目标，进而确保学生顶峰学习成果的实现。

成果导向教育之反向设计有一个“黄金定律”（Golden Rules），即一致性、系统性以及创造性，这就意味着教师首先要明确学生的顶峰学习成果，作为一致的高度期许，而后决定真正需要学习的关键内容，并运用创造性的教学方法与情境，有系统地协助学生成功学习。

教师反向设计课程要掌握两项原则：第一，从期望学生最终达成的顶峰学习成果反推，回溯课程及教学设计，并循序增强课程的难度以引导学生逐步达成顶峰学习成果；第二，教师必须聚焦于基础学习成果（Enabling Outcomes）、顶峰学习成果（Culminating

Outcomes），取代或删除顶峰学习成果中非重要发展内容的零碎成果（Discrete Outcomes），即排除不必要的课程细节或以更重要的课程来替代，这样才能有效协助学生成功学习并达成顶峰成果。

反向设计不仅是建立课程优先顺序与架构的实用方法，更可以提供完整顶峰学习成果架构的相关指南。然而，在实际运用的过程中面临两方面挑战：一方面是技术上，必须确定基础学习成果存在于高峰学习成果之内；另一方面是情感上，教师必须愿意放弃其熟悉、喜爱但并非必要的课程细节。

※ 二、成果导向教育的执行架构

成果导向教育包括执行与支持两大系统。执行系统是与教学、学习过程有直接关系的课程与教学要素；支持系统是让教学、学习过程得以存在并发挥功用的行政、后勤、资源等保障要素。

从以上系统角度而言，成果导向教育执行系统以所有学生获得顶峰学习成果为核心，以四个执行原则的影响和驱动为关键，串联四个执行策略，以构建四个关键架构的操作系统。

1. 绩效标准与资格架构（Performance Standards & Credentialing Structure）

绩效标准与资格架构决定如何定义成果和绩效标准以及如何授予毕业学分。此架构包括评价、测验、记录、成绩单、学分和文凭。

2. 课程内容与清楚架构（Curriculum Content & Articulation Structure）

课程内容与清楚架构决定如何定义、组织、链接学生对于成果导向教育系统的正式学习经验，此架构包括方案、学习课程、学科领域以及课程。

3. 教学互动与技术架构（Instructional Interaction & Technology Structure）

教学互动与技术架构决定成果导向教育系统该运用何种工具或技巧，引导学生参与到课程学习中。此架构包括教学组织及其实施所运用的技术。

4. 合格、晋级与指定架构（Eligibility，Promotion & Assignment Structure）

合格、晋级与指定架构决定哪些学生将与哪些老师和学生在一起合作学习，何时以及在何种物理环境安排下。此架构包括学生分组、日程安排、人员配置、晋级与课程进阶相关的所有内容。

成果导向教育的四项执行原则与方向设定（Direction Setting）、课程设计（Program Design）、教学授课（Delivery of Instruction）、结果认证（Documentation of Results）四项执行策略串联，强化成果导向教育执行架构与系统运作。清楚聚焦直接地影响方向设定，扩大机会直接地关联教学授课，高度期许主导结果认证，反向设计决定课程设计的功能与作用。发展成果导向教育系统，四个执行架构、四项执行策略均依据成果及四项执行原则。因此，实施成果导向教育的学校的执行架构、执行策略、支持系统以及其资源优先顺序与分配，均可以直接依据成果及四项执行原则而设计。

第五章 基于成果导向的高职英语教师人才培养

第一节 高职英语教师自身的角色构建与素质发展

※ 一、新形势下，高职英语教师师资队伍建设要遵守的基本原则

英语师资队伍的建设直接影响着高职英语课程教学改革的实施及人才培养目标的实现。根据《高等职业教育英语课程教学要求》对高职英语教学及英语教师提出的新要求，以及目前高职英语教师队伍的现状，新形势下，高职英语教师师资队伍建设要遵守高职高专英语教师师资队伍建设的基本原则。《教育部关于加强高职高专教育人才培养工作的意见》(以下简称《意见》)指出：90年代以来，我国高等专科教育、高等职业教育和成人高等教育（以下简称高职高专教育）有了很大的发展，加强高职高专院校英语教师师资力量建设显得非常迫切，应该遵循一些基本原则。

高职高专院校英语教师师资队伍的建设应该符合高职高专院校人才培养目标的特点和发展需要，高职高专院校培养的人才应该是拥护党的基本路线，适应生产、建设、管理、服务第一线需要的，德、智、体、美等方面全面发展的高等技术人才。

※ 二、课程建设中，必须注重英语教师角色的重构

随着网络的快速发展，基于网络的各类教育蓬勃发展，各级各类学校充分利用多媒体网络资源进行教育教学改革且成效显著。有关网络环境下的教育教学研究也成为研究热点，网络教育在教学研究中的应用越来越受到国内的高度重视。网络教育的发展对教师提出了新的要求，专家学者意识到教师角色在现代教育教学环境下的重要作用，也对此展开了相关研究。目前，国内外研究一致认为，网络环境下的教师角色不是传统的、以教师为中心的、单一的、单向的知识传授者，而是要适应现代信息时代的、以学生为中心的、动态的、多元化的知识引导者。2006年，中国外语教育研究中心“十一五”规划的专家们提出了“网络环境下的英语教学：教师角色研究”。在建构主义理论的指导下，从知识构建与反思性教学的角度，尝试对高职高专教育英语教师的角色进行重新定位。网络教育

指的是在网络环境下以现代教育思想和理论为指导，充分发挥网络的各种教育功能和丰富的网络教育资源优势，向教育者和学习者提供一种网络教和学的环境，传递数字化内容，以增长学习者的知识和提高学习者的能力为目标，开展以学习者为中心的非面授教育活动。

※ 三、英语课程建设中，教师队伍建设得到明显提升

以“3343”人才培养模式为主导，重新构建课程体系。修订课程标准，优化教学内容，改革传统的教学方法、教学手段。注重整体教学改革的布局和调整，使理论课教学和实践教学各成体系。根据总体改革思路，按照“边建设、边实施、边提高”的原则，将“顶层设计”和“管理落地”有效衔接，建立了校企共同参与的课程建设和质量监控体系，对教师进行深度培养。

通过课程改革师资队伍建设得到明显提升。在建设期中，教师的思想进一步解放，观念发生了改变。“引、聘、训、评”的封闭培训系统得到进一步落实，摆正了自信与自知的关系。教师的教学能力和水平得到进一步加强，有效促进了专业建设、课程建设、人才培养质量的提升。

项目管理、质量意识、绩效考评、创建理念、品牌效应均得到了强化，推动了建设，锻炼了外语教师队伍，注重了特色，提升了实力，对教师可持续发展奠定了坚实基础。

在这个基础上教师就要保证自己担负的课程按照现代职教理念进行设计，组织和实施以学生为主体，知识、理论、实践一体化的课程，并把实施落实到课堂上，落实在实训环节中。要保证实施的成效，学校就要制定课程设计、测评、实施标准，不要总强调改革，而要提供考核标准和评价方法。

教师队伍建设。内涵式发展关键在教师。开展青年骨干教师培养工程，在骨干校建立了“引、聘、训、评”教师培训系统和新教师培训系统。这些工作和载体，对教师的培养提高起到了一定作用。下一步要树立从“教师培训”转向“教师发展”的理念，以适应高职教育内涵提高的转变，要把教师发展贯穿教师职业生涯全过程。通过对教师发展的整体性思考和操作性设计，对不同岗位、不同年龄、不同性别的教师制定个性化培养计划，形成分级、分类、分阶段的模块化的培训内容以及可选择的培训方式，有效促进教师能力提升。

高质量的师资队伍是教学质量的保证，公共英语师资队伍是高职院校教学的重要组成部分，因此高职高专公共英语教师队伍的建设意义非比寻常。通过骨干院校建设，从教师队伍的建设和教师自身完善两方面探讨公共英语师资队伍建设的方法，极大提高了师资对伍水平。高等职业教育的目的是培养技术型人才，是培养高等专门人才、高等技术应用性人才的一种高等教育，是我国高等教育的重要组成部分。高职院校教师是办好高等职业教育的主体力量，是发展我国高等职业教育事业的关键。

※ 四、加强高职院校英语师资队伍建设的措施

（一）拓宽师资来源和培训渠道，改善师资队伍结构，提高科研能力

1. 加大英语教师引进力度

各高职院校每年要划拨一定的专项经费用于引进高学历、高职称的英语教师，不但使英语教师数量增加，而且要提升高学历、高职称教师比例，使教师队伍结构趋于合理化。

2. 积极寻找和创造卓有成效、多样化的师资培训渠道与方式

高职院校应重视和加强英语教师的教育与培训工作，有计划地选派骨干教师到国内外高等院校深造和学习，攻读相关学位，逐步提高学历和职称。建立健全教师进修培训机制，在不影响正常的教学情况下，加大培训力度，拓宽培训渠道，丰富培训方式，扩大对教师的培训面，提高教师学历层次、知识结构和科研能力，实现教师队伍整体水平的提高。

3. 鼓励英语教师到基层企业锻炼

高职院校应鼓励教师定期到基层企业学习，熟悉其运作环节，探索最新的市场信息。鼓励英语教师去公司做外销员、商务师、导游、翻译等，提高整体素质，适应市场需要和高职教学的发展要求。

4. 加强兼职教师管理

对兼职英语教师建立相应的考核机制，建立外聘信息网，保持兼职队伍的相对稳定性，缩短教学磨合期，弥补本校教师队伍的不足。定期从有关行业、企业、院校等社会部门聘请既有实践能力，又有较高理论水平的高素质教学人才，从而迅速建立起一支以专职教师为主、专兼职教师结合的高职英语教师队伍。

5. 设立专项基金，培育科研队伍

设立专项基金，鼓励教师从事相关教学研究，是高职高专教育深化改革的需要。教师要做到善教书，会科研。学校可建立相应的考核机制。对于市级以上科研项目，可设配套奖励与资助，为提升教师的科研能力创造条件。同时，高职英语教学界也要加强横向联系和交流，培养良好的学术研究氛围，力争造就一批高职英语教育专家和大师。

（二）转变教师教学观念，提高教师自身素质，改革课堂教学模式，更新教学手段

1. 确立正确的教学指导思想，转变教学观念

英语是一门语言工具，它的主要功能就是让人们用来交流思想，表达意念。正如吕叔湘先生所说，“学习语言不是学一套知识，而是学一种技能”。所谓语言技能，就是运用语言的能力，通常指的是听、说、读、写、译等能力；更准确地说，就是言语能力。因此，

英语教学就不单纯是知识的传授，而应从跨文化交际这个角度来培养学生使用语言的能力，满足职业岗位的需求。面对英语教学要适应经济、社会需求这个新形势、新任务，广大教师首先要以转变教育思想观念为先导，进一步提高对以就业为导向的高职教育的认识，树立高职特色的人才观、质量观和教学观，坚持以提高人才培养质量为目的，以培养技术应用型人才为主题，进一步明确英语教学改革的指导思想。要打破传统的以传授知识、应付考试为目的的教学模式，建立以职业需求为导向、以能力培养为中心的新的教学体系。坚持以“必需为主，够用为度”的原则，做到让学生学一点，会一点，用一点，边学边用，使英语教学改革具有高职教育的特色。

2. 丰富教师自身知识，提高教师自身素质

教师应该努力提高自身的业务素质，掌握一些相关学科如语言学、心理学、教育学、第二外语以及历史、地理等知识，不断充实自己的理论水平，提高自身的科研能力。同时，学校也应对教师“减负”，使教师有时间和精力进行教学创新和理论探讨，鼓励教师学习国内外先进的外语教学理念和方法。

高职学生学习英语的目的不是进行研究而是进行与其业务相关的涉外交际。涉外交际涉及范围非常广，这就要求教师要不断地丰富自身知识，提高自身修养，扩大知识范围。在讲述知识点的同时，培养学生的跨文化交际能力和语言综合应用能力。此外，根据需要，在实际教学中还应向学生传授语言以外其他领域的知识。

3. 改革课堂教学模式，培养学生的自主学习能力

高职教育必须突出以学生为主体、以培养学生应用能力为中心的教学理念。教师扮演的角色应该是学生学习的“合作者”“促进者”“指导者”。要培养学生的英语综合应用能力，教师就必须转变其角色与定位，改革现有教学模式、教学方法、测评体系。应“以学生为中心”，把课堂让给学生，突出学生在教学实践活动中的主体地位，理论联系实际；变学生被动接受为主动，在启发、引导以及互动式语言交流中，为学生创造足够的语言实践和交流的空间和时间；精心设计课外互动，积极提供学生自主学习和实践创造的语言环境。充分利用多媒体和现代化的教育技术，开展网络教学创新教学方法，突出能力测评要以学生的语言综合应用能力为出发点，建立多元化测试体系。在“以学生为中心”的教学模式中培养学习者的自主学习能力，提高学生实际运用语言的能力。

4. 运用多种教学手段，提高教学效果

近年来，随着科技的发展和计算机的普及，外语教学的现代化手段得到迅速的发展，计算机技术和通信技术也逐步进入课堂，尤其是多媒体现代教育技术的广泛应用，对传统的课堂教学模式提出了严峻的挑战，加速了教学方法和教学手段的改革。在教学过程中多媒体课件使教学更直观丰富，更能加深学生对授课内容的印象，提高教学效果。网络教学体系的丰富性和趣味性的特点更能激发学生的好奇心和求知欲，同时有助于培养学生的学习自主性。英语教师应融多媒体教学、计算机网络教学和传统教学模式为一体，形成立体交互式教学模式。课后，教师还可利用 E-mail、MSN、QQ 等方式与学生交流，解答学生

课堂上未能解决的疑难问题。因此，多媒体技术的引入能最大限度地改进教师的教学手段，提高教师的教学质量，满足时代的需求。

（三）认真组织和开展课堂教学观摩、录音录像、研讨反思等教研活动

1. 组织课堂教学观摩活动

课堂观摩就是平常所说的听课活动。在观摩其他教师的公开课或常态课时，要重点关注课堂上教与学的过程，分析课堂上教师与学生的交流与合作，来反思自己的教学行为。在观摩有经验的教师授课时，要认真学习他们启发学生的技巧和对教材重点难点的处理方法。教师之间互相观摩课堂教学应以“取人之长、补己之短”的态度去进行。教师在听课后应积极地反思教学过程，找出优点和不足，为教学提供良好的反思契机。通过这种对课堂教学的直观反思，有利于培养英语教师真正以科研的态度对待教学，从而走上科研之路，使教师在教学中少走弯路。

2. 观看录音录像

教师可以充分利用现代化教学设备对教学实践进行记录，然后以旁观者的视角，冷静地观察、分析整个教学过程。录音录像是一种生动、直观的反思教学的素材，它能够引起教师积极地反思，其反复播放的特点使教师能够反复琢磨每一个教学环节，注意到教学中的细节，更好地反思自己的优点和不足。这种方法最好和教学日志结合起来使用，观看后及时写下自己的分析、体会。

3. 研讨总结，做好反思

教研室是基层的教学及研究组织。各高职院校应充分重视教研室建设和教学研究，为教师的成长提供浓厚的学术氛围。对于教师，积极参加教研室活动相当必要。在教研活动中，鼓励教师畅所欲言，青年教师可就教学中的实际问题向富有经验的教师求教。教研室要坚持开展“备好一堂课，讲好一堂课，评好一堂课”的专题教研活动，这是教师之间互相学习的好机会。

在教师培训过程中，要倡导反思型的教师教育模式鼓励教师积极开展反思性教学，使其对教学进行批判性思考，积极探索新的教学方式。Doyle 提出了“教师发展过程即教师自我反思、自我更新的过程”的新观点。反思，作为发展教师教育中的重要措施，越来越受到人们的重视。通过反思，可以激发教师对教学过程的洞察力获取更多的教学反馈信息，为进一步改进教学打下基础。

4. 倡导行动研究

所谓行动研究，就是教师自身采取措施改进自己的教学行为，贯穿于自我质疑、自我解惑的行动过程之中。在行动研究的过程中，教师主要针对自身某个具体教学环节、教学步骤，通过收集信息（如调查问卷、观摩教学、师生座谈等）发现其中的问题；然后展开研究，找出解决问题的办法；最后实施教学研究计划。教师可以对这一系列研究过程及实施结果进行归纳、总结，并写出行动研究报告。

第二节　课例学习与研究

长期以来，英语教学中存在的是“多教少学”，因此如何针对现状提高课堂教学的有效性，是必须重点研究的课题。以同课异讲的课例为实践基础，分别进行研讨，同时结合新教学理念，从一线教师的角度，简单阐述一下课堂教学改革的一些思考。培根曾经说：“欣赏者心中有朝霞、露珠、常年盛开的花朵；漠视者冰结心城、四海枯竭、丛山荒芜。”教师的目标是让教研改革顺利进行。

作为一名教师，听评课是教师日常化的教学任务。在听评课时要变换心态，将欣赏的眼光去投入到每一堂课的教学活动中。有的老师的课朴实率真，如平时的一日三餐，尽管不是色香味俱全，但也是营养丰富，是每个人生活中不可缺少的。有的老师言简意赅，如医生给病人诊病一样，对症下药，药到病除。有的老师的课如同演唱会，在演员与观众之间产生了共鸣。这种共鸣让你感觉师生之间交流的默契，知识的融会贯通。有的老师的课给人以艺术享受，如一件艺术品，让学生去慢慢地体味欣赏。让学生懂得什么是美，并学会发现美。

※　一、听评课的过程

听评课既有利于教师之间相互学习，取长补短，共同提高，共同前进，有利于良好教学风气的形成，有利于促进教学改革的深入，也有利于青年教师学习优秀教师的先进教学经验，使自己能更快地成长为一名合格的教师。

教师之间恰如其分地肯定成绩，指出不足，突出重点原则，对执教教师不仅要进行横向比较，更应纵向比较，注重看教师个人是否比以前有进步。对进行教改实验的课，评课时不应求全责备，能总结出一两条新经验加以推广就好，要支持教师勇于探索、积极创新。

进行评课，首先应该根据教研活动的目的或听课的目的确定评课的目的。评课过程中，要根据上课教师提供的课堂教学实例，交流教学思想，总结教学经验，探讨教学方法，帮助、指导上课教师和参与听课活动的教师提高教学能力。通过评课，使参与活动的全体教师，从一个课堂教学实例中吸取经验，学习教学方法，弥补不足，以达到共同提高的目的。

教师应每堂课以学案为主线。把学案分为预习学案、当堂学案和反馈学案。对每课时的重难点让学生做到课前心中有数，课上重点突出，课下反馈巩固。以学生为主体，尊重每一个学生，不放弃每一个学生，调动每一个学生的参与意识。

教师应该对学生不抛弃，不放弃，学会等待，因为教育是慢的艺术，在潜移默化中促进学生能力提升。要以欣赏为主，正如罗丹所说：“生活中不是缺少美，而是缺少发现美的眼睛！”时刻以欣赏的眼光去向同行学习，向学生学习。三人行，必有我师焉。尺有所短，寸有所长。弟子不必不如师，师不必贤于弟子。

教师要关注师生互动、关注学生如何自主、合作、探究学习；关注学习的过程和方法，以及学生情感态度价值观的形成；关注学生如何学会发现问题、提出问题；关注开发和利用课程资源；关注课堂教学中的过程性评价。

教师可以观察在课堂上教师主体作用的发挥程度，比如教态是否亲切自然，指导学生学习是否得法，处理课堂偶发问题是否灵活巧妙；还可以看学生主体作用的发挥程度。如课堂气氛是否活跃，学生是否参与教学过程，全体学生的积极性是否得到调动，学生正确的学习习惯是否养成，学生分析问题和解决问题的能力是否得到培养。

在把握评课的内容方面，首先，教师应关注的是教学思想，即依据课堂教学活动的实例，评议教学思想在课堂教学中的体现程度。包括教师面向全体的思想，培养学生能力和发展学生整体素质的思想，运用现代教育观树立学生主体地位的思想等。

其次，做好教材处理评议。即从教学内容处理角度，评议讲课教师对教材体系及知识体系是否把握准确、教学重点是否突出、教学难点是否突破、课堂教学容量是否妥当等。

再次，做好教学过程评议。评议教师在教学组织活动中，教学环节安排是否合理、教学的组织形式是否科学、教学的整体结构是否严谨、教学节奏是否得当等。

最后，评估教学效果和个性特色。也就是评议教学内容的完成程度、学生对知识的掌握程度、学生能力的形成程度、学生思维的发展程度等和讲课教师的创新情况、个性特色。

※ 二、具体授课对比

本次“同课异讲”教研活动由教龄不同（五年以下教龄、五年以上教龄）的甲乙两位教师进行执教，内容为高职《希望英语》Unit2 部分内容。

高职学生在进校的时候英语基础薄弱，两位教师讲课风格表现不同。教师甲和教师乙在处理如何面对旅行的问题时，采用了不同方法，教学效果可能会不一样。教师甲处理教材时根据“旅行”的不同分类，给学生讲解，这就超出了本课要学的内容，学生往往不能深入了解。从导课到讲课，学生用时 35 分钟欣赏旅游的美景片，课堂练习时间明显不足。教师甲突出强调了知识点的对接，而忽略了思维的转化。

教师乙处理教材时引导学生学习“旅游”的理论知识，分别用了 6 幅实例图片来解说，接着引导学生对所学理论知识进行归纳，体现旅游的实例，设置旅游情境，开阔学生认识事物的思维，强化英美文化理论素养。接着由旅游的种类到具体描绘一次旅游，从抽象到直观，为旅游设计提供了一幅简单的“基本型”，供学生欣赏、模仿。在此基础上，再提供一幅复杂的国外“旅游”设计草图，让学生有想象创意的空间，让不同水平层次的学生都学有所获。从导课到讲课，所用时间不过 15 分钟，剩下的大量时间（20 分钟左右）内让学生动手设计练习，这样就达到了“少教多（学）练”的效果，提高了课堂教学的有效性与针对性。这种授课方式注重学生思维的转化，从抽象到直观，从难懂到易懂，知识点概括做到化繁为简，重在知识点的对接，注重对旅游认识的思维方法引导，实现了课堂灵性的融通。

高明的教师在教学时，不但教学生学知识，更重要的是教学生学习思维方法。当然，一堂课要达到优良的教学效果，还要有适当的课堂练习做保障，在课堂教学中还要随时做点评，以保证学生高效的课堂技能学习。

※ 三、教学成功的体现

一堂课教师在教学中不仅重视确立学生的认知目标和能力目标，同时还开始注重情感目标的确立，教学中学生作为个体，其主观因素和情感因素都是教学中不可忽视的问题，把情感作为教学内容与目标，正是体现了“以人为本”的教育思想。在充满美感和智慧的环境氛围中，让学生积极主动地投入学习活动，达到“学以致用”的目的。

教师尽可能地在课堂教学中创设语言学习环境，使英语课堂教学情境化。要求教师充分挖掘自己的知识积累、生活积累、思想积累、语言积累、教法和学法积累，从而真正体现英语教师的教学才能，体现教学艺术技巧性的完美和成熟程度。

（一）创设与生活实际相结合的情境，让学生感受生活美

在旅游这个话题里，不管是单词、句子、对话或是活动任务，都比较多地给教师编排了丰富的情境：或动或静，图文结合，有情有景。如果教师再结合周围生活实际，在呈现语言材料时，联系身边的事或物进行教学，让学生在很真实的情境中进行语言学习，不仅体现了语言学习的“交际性”和语言理解带来的乐趣，更重要的是激发了学生的学习兴趣，体验到了这种情境中的“生活美”。

观看旅游风光介绍，让学生深切感受到外界的巨大变化，在真情实境中体味到了生活的另一种美。当然这种情境的创设，要求教师时时刻刻观察身边的每事每物，在钻研教材、分析教材时，善于捕捉教材内容与生活的结合点，真实、流畅地展现生活场景，从而让学生有情可依，有境可看，有话可说，达到“学用结合”的目的。

（二）创设与国外文化相结合的情境，让学生感受文化美

英语教学作为教育的组成部分，具有跨文化的人文性，对于培养学生的思想文化素质具有十分重要的意义。通过学习英语，教师不仅可以让学生了解异国的文化与社会，还可以创设与本民族文化相结合的情境，让学生学习英语，并让他们从小体验我国特有的民族文化，接受美的熏陶。

（三）创设与自然环境相结合的情境，让学生感受自然美

大千世界，美轮美奂。教师要善于发现自然界的景物美，善于利用自然界景物更新和变化，再结合教材中的某些内容创设情境，让学生在这种情境中进行语言交流，真切感受到自然界中的美，真正领悟到“一草一木总关情”的意味。在这一课教师还可以让学生用英语具体描述风景。通过这一直观、具体的情境创设，让学生直接感受到了语言学习的实

用性，同时也感受到了自然界的美。

※ 四、同课异讲的反思

（一）适当的情境创设有利于培养学生实际操作的能力

由于英语学习是一门语言的学习，因此它决定了英语课堂教学的实际操作性。在这节课中，教师非常重视培养学生的“实际操作”能力，比较好地把握学生从“模仿”到“操作”的转变。

（二）适当的情境创设有利于培养学生反馈评价的能力

在课堂教学中，教学评价可分为显性评价和隐性评价两类。显性评价是直接让学生对他人的活动作出诸如 good、right、nice 等评价，简单而明确，而隐性评价在英语课堂教学中（至少在目前阶段来说）显得尤为重要。因为在英语课堂教学中，学生的一切教学活动都是在师生互动和生生互动中进行的。

能够对他人的活动作出正确的反应，或应答、或提问、或对话等，显然就是一种非常好的隐性的评价。创设一个恰当而又生动的情境，让学生在自然而又具体的语言环境中进行语言学习，同时对他人的话语或表情动作进行顺畅、正确、得体的反应，不仅培养了学生的交际能力，而且培养了他们的反馈评价能力。

在“旅游”这个教学片段中，教师乙就充分认识到这一点，她所创设的 Guessing game 和 Doing a survey 两个情境，不仅让学生进行了语言学习，而且在让学生在互相纠正、互相反馈中进行了交流，在互相评价中习得了语言。

（三）适当的情境创设有利于培养学生运用拓展的能力

在课堂中情境会话要体现其效果，学生的交际能力要得到充分体现，要培养了学生“运用拓展”的能力，这和英语的“学以致用”的目的性完全一致，这节课在这方面就有所体现。

在课中，当师生双方共同完成教学任务后，教师及时地设计了一个 Doing a survey 的情境，让学生走出座位进行调查，互相交流。教师设计这样一个贴近生活的场景，使学生有情可抒，有景可依，这样的情境，有利于学生进行发散性的语言训练，有利于他们进行开放性的练习，同时让学生在走走、问问、写写中培养和提高他们的交际能力，从而达到“学以致用”的目的。

（四）情境的创设应注意学生学习的主动性

在英语课堂教学中培养学生语言学习的能力，关键在于教师要认识并理解主动学习的内涵，通过实践与探索，采用一种自觉、积极的教学行为，从而把培养学生语言学习的能力落实到课堂教学中去。

教师应注意将学生置于学习的主动状态。教师要把握好学生的心理变化，如学生的“期待”心理与“满足期待”心理等，教师要善于捕捉并满足学生的心理需求，同时按照这样的需求去创造适合的语言环境，巧妙地引导学生去发现字、词、句的用法。

在本案中，教师创设的第二个情境 Guessing game 就是让学生在猜一猜、说一说的游戏中习得语言，满足他们的“期待”心理，获得成功体验。在这里，教师创设的情境与培养学生英语学习能力，达到了和谐统一。

（五）教师应注意客观地评价学生的学习能力

让学生在教师创设的情境中开展活动，教师一定要做到该放手时就放手，不要“扶持”得面面俱到，要给学生以足够的时间和空间去学习。在本案中，教师通过三个情境的创设，通过学生个体→学生小组→全体学生的操练形式，充分让学生在相对自由的空间和时间内去练习英语，在学中练，练中学，为培养学生的英语学习能力创造了必要条件，从而更好地培养学生英语学习的能力。

情境创设与培养学生英语学习能力是英语教学中一个永恒的话题，如何在课堂教学中创设一个既比较真实、具体，又符合“人文主义”精神，从中又能体现以“学生为主体，以学生发展为本”的教育理念的情境，使学生在这一情境中发展英语学习能力，是值得广大教师今后在教学中继续深入研究和实践的。

总之，甲、乙教师不同的教学课例，呈现了“同课异讲”中各自的优势。充分体现了“少教多学”，把课堂还给学生，注重培养学生的创造思维与实践能力，也较好地凸显高职学生注重技能学习的特点。因此，在教师的专业成长中，学会课例比较，善于借鉴吸收，不断充实自己，是教师修炼教学的有效途径之一。

第三节　教案改革在英语教学中的应用研究

随着高职英语基础课程改革的推进，教师本着“解放思想、实事求是”“与时俱进、求真务实”的原则，以“学生的发展”为根本，从课程改革倡导的“促进教师发展”的评价理念出发，希望通过改革教案的形式和调整评价重心，将英语教师从繁琐、费时、低效的劳动中解脱出来，积极引导教师将主要精力转移到对教材的把握、学情的调研、教法的改进、教学的反思上来，以教师灵活、自主、多样、实用的个性化教案，切实提高备课质量和课堂教学实效，真正促进教师的专业化成长。

※　一、教案改革情况分析

备课作为教学工作的一个重要环节，其地位和作用完全没有显现出来，课堂教学不是教师行为模式化的场所，而是教师智慧充分展现的场所。

这种创造性首先体现在对教材的处理上，教师只有通过精心地设计，才能体现课改“用教材教，而不是教教材”的要求，才能让学生在主动探究的过程中轻松地掌握教材知识。因此，要适应课程改革的变化，改变教师的模式化行为，就必须改革传统教学模式下的教案。

（一）应该重视教案的针对性

教案是与教学大纲相配套的备课形式，而随着英语课程改革的推进，与之相对应的备课形式是教学设计，它更能突出教师对课程标准的把握，对教材的分析、加工和处理，而不是不经思考地照抄照搬，使课程改革对教师备课这一环节的要求更明确。重视“教学设计”更能体现备课作为一种创造性劳动的实质，其蕴义更为准确、深远。

（二）教案设计要激发学生的学习积极性

课程改革的目标之一就是要改变课程过于注重知识传授的倾向，强调形成积极主动的学习态度。课程倡导促进学生全面、和谐的发展。因此，教师在进行教学设计时，应以人为本，改变过去设计教案从应试需要出发，仅重视传授书本知识的做法，充分考虑学生的认知水平、心理特征，关注学生的成长需要和生活体验，尊重学生学习与发展的规律，重视学生学习兴趣的培养，不断丰富学生的思想情感，促进学生身心健康发展。

（三）教案设计要注重实践性

课程改革特别强调与学生专业接轨，联系学生日常生活、联系社会实际。高职英语新教材在编写时都大大增加了与当今社会生活联系紧密的学习内容。教师在进行教学设计时，也应从学生的生活实际出发，开发和利用学生已有的生活经验，从学生日常生活和社会生活实际中引出对新内容的学习，从而激发学生的求知欲望，帮助学生理解教材内容。并在此过程中培养学生把具体问题抽象成理论问题、运用所学知识解决实际问题的能力。

（四）教案设计应突出学生的主体地位

教学设计是一个创造性的过程，教师是课程的开发者，在进行教学设计时，教师应充分考虑学生的年龄、心理、认知等方面的特点，把学生置于教学的出发点和核心地位，思索、寻求最有利于调动学生学习积极性、促成学生主动学习的教学方案。

（五）思维和能力训练应具有目的性、探究性

教师主要倡导自主、合作、探究的学习方式，培养学生获取新知识的能力、分析和解决问题的能力，以及交流与合作的能力。教师的教学设计应体现并完成这些要求。

对学生思维和能力的训练和培养是一个循序渐进的过程，必须通过教师精心设计教学活动和学生有效的学习才能获得。因此，活动和问题不能流于形式，应根据教材内容和学生特点，有针对性地设置。科学而巧妙地创设问题情景，激发学生的探究欲望，使学生在主动探究的过程中，提高自己分析、解决问题的能力。

※ 二、教学设计的内容

教学设计指运用系统方法对各种课程资源进行有机整合，对教学过程中相互有联系的

各个部分做出整体安排的一种构想，即为达到教学目标，对“教什么？怎样教？达到什么结果？”进行的策划。它与传统的教案的最大区别在于它有着教师创造性的思考。

但教学设计又并不是对教案的全盘否定，对教案的一些可吸收的要素，如教学目标、重难点的分析、各个教学环节的设置等，教师应批判地继承，只是在具体的操作要求上与教案不同。如果认为改革就是要否定一切，教学设计可以完全随心所欲、信马由缰，那只会从一个极端走向另一个极端，绝不是教师所希望得到的结果。

（一）教学目标的制定

教学目标是整个课堂教学的灵魂，所有的教学活动都是围绕教学目标设置的，这是教学设计首先要明确的问题。教师应从情感、态度、价值观方面的目标，能力目标，知识目标多维度来考虑，并通过教师的精心设计，将其有机整合在教学过程中。

教学目标关注知识点和能力点的确定，关注学习方式、方法、工具的确定，关注目标的可操作性与可检测性，强调教学目标确定的合理性。目标指向是学生的预期学习结果，行为的主体是全体学生，将学生行为的实现程度具体化，尊重学生差异。

这种表达方式强调了实现教学目标的手段与途径，使教师在教学环节预设的时候不仅考虑“要教什么，培养什么能力，培养什么样的情感、态度与价值观”，还要充分考虑“用什么方法、手段、途径去达成目的”，全方位预设将对提高课堂教学效率大有裨益。

（二）教学环节设置的有效性

教学环节设置重点关注的是提出问题环节，教师应注意创设提出问题的情境，要符合教学内容及要求，体现学生的主体性；问题解决环节要合理运用教学组织方式，凸显解决问题的过程；在得出结论环节，引导学生自主得出结论，教师不要越俎代庖，允许不同结论的存在；在交流反馈环节，注意就学生的结论本身开展发散性交流讨论；在课堂训练的环节，注意单项能力和多项能力兼顾训练、理论性题目和实践性题目兼顾训练、规定性题目和自我表现型题目兼顾训练。

（三）师生双边活动

师生双边活动具体表现为与每个环节特定教学内容或任务相适应的教学组织方式、学习方式、学习工具的具体运用和操作，探索师生双边活动设计的时效性、生成性资源的选择性、学科素养的个性化。提倡在每个教学环节中，教师灵活有效地运用教学组织方式；在发挥学生主体作用的学习方式选择上，着重探索眼看、耳听、口说、手做等基本学习方式的合理使用及其内在联系，强化说、做的运用；在每个环节知识点的处理上，提倡教师至少要渗透一种思维方法并让学生感悟这一方法；在教和学工具的选择上，强调必需性和有效性。

好的备课只是一种框架，一种指向，一种优化，它是一种粗放、机动、可变的教学设计。教师提倡教师撰写板块教案，求活、求实、求简、求精，形式多样，不拘一格，变教案为学案。

教师应注重过程评价，发挥教案的实用价值。学校采用课前说课、领导随堂听课、教研组听课、常规推门听课等不同形式，对教师课前准备、课间追记、课后教学反思、写教案心得等方式进行管理评价，引导教师用教案把课上活，避免备课与上课脱节，促使教师在互动交流中提高教学水平。另一方面，提倡教师注重阶段性集体评议，增强教师的反思意识。学校每月至少对教师的教案进行一次检查评议。把同年级同学科的优秀教案选出来，供其他教师参考，引导教师对下阶段的教案进行调整、修改和完善。

运用多元评价理论评价教师的教案。教育行政管理者对教师工作的评价要多元化，教案仅仅是教学常规的一个部分，更多的关注应该放在有没有培养学生的创造能力，有没有培养学生的情感、态度与价值观，是否注重学生的自主探究学习。书写内容可简化，格式可不拘一格。教案是教师对所授书本知识再创造的结晶，教案的成果体现在教学效果上，教案评价也要结合教学效果来进行。相信教师积极参与、精心准备的教学设计一定会有助于提高教学效果。

第六章　基于成果导向教育的高职英语课程实施

课程实施是指一套规定好的课程方案实际的运行过程，课程实施的过程不是简单地采纳课程方案，而是一个连续动态的过程，课程实施是一个由课程设计者和执行者共同对课程进行调适的过程。基于以上认识，本书把基于成果导向的英语教学课程实施理解为《成果导向英语教学课程规范》或《成果导向英语教学方案》实际运行的过程，把学习方案转化为具体的教育实践行为的过程，并在实施过程中根据现实条件和具体情况做出适度调整，保证英语教学课程的组织运行和学生的有效学习与实践，最终落实英语教学课程预期学习成果或达成英语教学课程目标。

第一节　基于成果导向的英语教学课程实施原则

传统的英语教学课程实施主要以《英语教学课程规范》《英语教学方案》或《英语教学指导手册》为中心，以教师为主导，以学生自主学习为主要形式开展。在英语教学过程中，实践教师提供给学生的主要是教育教学活动范例、教学技能技巧展示，而高校教师则主要帮助学生顺利适应新环境、观察与指导学生实践教学。在实施目标上，传统英语教学课程偏向注重应用与检验理论知识，形成全面熟练的教学技能技巧，为入职做好准备，而学生并没有具体、明确的实践学习目标，只是单纯地跟着实践教师观察、模仿，甚至复制其教学行为和方法，或是做详细的听课笔记、撷取一个个教学片段记录和积累教学事实。在交流方式上，双导师之间边界清晰，缺少沟通与合作，信息传递过程常常是单向的（实践教师→学生、高校教师→学生），二者协同指导学生的情况少之又少，双方均按照实习规定的程序、时间、进度实施指导。

基于成果导向的英语教学课程指向学生通过英语教学过程所取得的学习成果。它的理念是打破传统的以检验理论、复制教学行为与方法、减少入职适应问题为主要目标的实践形式，强调以学生为中心，明确指出英语教学课程实施的目标是培养学生的核心专业能力。英语教学课程实施过程中的一切要素，例如英语教学方案、教师、实践基地、管理评价等都是为实现英语课程学习成果而采取的手段。基于成果导向的英语教学课程实施过程主要依据以下原则。

※ 一、清楚聚焦：明确学习成果及预期表现

基于成果导向的英语教学课程实施，看重成果决定（Outcome-Defined），从英语教学方案的拟定、英语课程内容的选择到组织实施都离不开“成果”。教师在学习前明确定义学习成果及预期表现，并告知学生及其被期待学习的内涵，包括预期学习成果的内容、提交成果的方式（书面作业形式、现场展示、视频录制等方式），以及评价与审核学习成果的指标。同时，在学习前教师要对预期学习成果进行解读，并提供完成预期学习成果的思路和方法。成果导向英语教学课程实施强调：学生一开始就需要明确英语课程的学习成果蓝图及其操作指南，具体而言，包括预期的学习成果是什么、完成学习成果需要考虑什么、需要写什么、需要做什么、实践证据如何被评估。如此，学生的实习目标才能更加明确，实践路径才能更加清晰。同时，教师也更清楚了解如何协助学生实践学习。倘若学习成果已经很明确地被定义，学生对于其被期待的学习成果及评价的内容、形式也清晰了解，那么可以运用其实践经验、实践方式与实践速率之总量来逐步达成英语课程目标，促使所有学生均能真正获得成功。成果导向英语教学课程实施促使英语教学各要素内部对话，从强调实习计划、方案、硬件条件及质量监管过程，转变为成果、表现、结果及持续改进。

※ 二、扩大机会：弹性回应学生的个别学习需求

传统的英语教学课程按照统一规定的程序、时间、进度实施，以同样的速度、方式要求学生严格执行既定的学习方案，这限制了学生成功实践的机会。而成果导向英语教学课程实施以扩大机会与支持成功取代限制机会。“扩大”即意味着可调整实习进度、调整英语课程内容与实践学习方式等，而不仅仅是延长实习时间，因此，赋予了学习过程更多的权责与可能性。“扩大”以学习成果为导向，以成果评价为依据，学校或教师给予学生更多的机会进行实践练习，展现其实践学习内容，证明其实习表现，适时调整和弹性回应学生的个别学习需求，并让学生有更多机会印证其所学、展现其所学。但同时也应该注意强调明确的学习成果，才不会让英语教学课程的结果最终流于形式或类似行为主义的能力指标，导致弹性的实践学习与个性化学习指导的意义被扭曲。

※ 三、学生中心：赋予学生自主学习与实践的权责

所谓以学生为中心，强调以“学”为中心的英语教学要求整个英语课程设计与实施都要紧紧围绕促进学生实现学习成果来进行，要求遵循师范生职前成长成才规律，以学生学习效果和个性发展为中心提供适切的教育环境、安排适宜的实践活动，了解学生学什么（学

习内容）和如何学（策略与方法），引导学生进行有效实践，并提供有效的指导与辅导以提升英语教学课程成效。英语教学课程实施是实现学习成果输出的重要转化过程，以学生为中心的英语教学课程实施主要体现在如下几个方面。

一是“G-U-S”协同提供多元学习、清晰明确的路径，弹性、自主、负责的实践环境，以促进学生依其专业成长规律与职业发展规划逐步完成各项学习成果，进而有利于学生达成预期目标。在此基础上，教师还应尊重学生自身的基础素质与现实条件，正视学生的个体差异，采用各自不同的指导策略，以不同路径实现所有学生均能成功的目的。

二是学生在预期的学习成果框架下，可以根据学习环境、师资与其他支撑条件的不同情况，按照自身实践成长的需要，主动调整自己完成学习成果的进度与顺序，在教师和同伴的帮助指导下审慎思考自己的能力与期望、主要实践活动与学习方式、预定进度与完成期限等。同时，提倡学生自我评价、自我反馈和自我校正。但在强调学生中心的同时不能忽视教师的作用，只不过在学习过程中，教师的角色发生了变化，应该善用示范、诊断、评价、反馈以及建设性地介入等策略，以引导、协助学生达成预期成果。

三是强调学生的主观能动性、独立性与创造性。教师应该建立较高的期许，以激发学生的“内在潜力”，鼓励其深入实践并达到预期的顶峰成果。一方面教师要激励学生积极、主动地参与并深入学习实践，逐渐形成主体责任意识，养成责任承担的能力；另一方面开发潜能、激励创新，促使学生在实践情境中观察、发现和收集信息，界定和解决问题，独立思考，审慎判断与决策，而非仅仅依靠复制和模仿教师的现成做法，学生能够在这一过程中积极学习和借鉴已有经验，创造性地解决问题，进而达到预期的学习成果。

※ 四、合作学习：协同合作学习，促使学生向高阶挑战

目前，英语教育专业英语教学课程基本是以“小组”为单位，几名学生形成一个小组共同对学习内容进行讨论与学习，然而，该小组成员之间的合作仅仅局限于共同的班级、共同的教师等学习资源的共享，而非团队合作、协同学习。具体而言，小组成员间仍然以个体为单位进行英语学习：围绕各自感兴趣的问题进行观察与收集资料、设计活动方案、实施与反思活动，而教师仍然是“教师→学生”单向指导模式。由此，得出结论：合作学习仅仅是停留在人数上的组合这一外在形式上，且学生与学生之间、教师与学生之间的关系置于一种竞争环境中，最终的学习成绩需要通过评分进行区别化或标签化。例如，优秀学生评选、优秀教师评选。如此竞争环境中，个体差异较大的学生之间不可能建立一种“合作—互动”的关系。成果导向英语教学课程实施强调合作式学习（Cooperative Learning），将学生之间的竞争转变为自我竞争，即为保证学生成功实践，促使其持续向高阶挑战，实现顶峰成果而采取的合作模式。通过合作学习、同伴互助、团队合作以及协同学习等方式，促使教育实践能力较强的学生追求卓越，让学习能力较弱的学生获得协助以达到标准。

上述四大基于成果导向的英语教学课程实施原则之间并非独立存在，而是相互关联的，

其核心是对以“学习成果”为导向的具体贯彻。首先，通过成果导向，以学习成果衡量学生在完成英语学习后的顶峰表现。将每个学习成果及预期表现都明确告知学生，但每个学习成果的完成都蕴含于对学习前所学知识的反思与实践，且没有给出标准化的答案。学生必须通过自己的深入思考、主动实践、合作学习完成所有预期学习成果，这一过程中教师应弹性回应学生的个别学习需求、协同指导不断修正与完善学生的学习成果。

第二节　基于成果导向的英语教学课程实施条件

任何英语教学课程设计，最终都是通过具体的英语教学课程实施才能得以完成，因此，基于成果导向的英语教学课程设计的真正生命力在于课程实施。而成功地实施成果导向英语教学课程需要在理念、指导过程、具体方法、管理制度等方面加以变革和统筹。教师应该在充分认识到英语教学课程实施重要性与复杂性的基础上，积极创造相应的条件有效地进行课程实施。本书在此主要从学习方案本身的特征、教师、学校管理制度以及保障措施等四个角度来深入探讨成果导向下英语教学课程实施的条件，以有利于促进成果导向英语教学课程实施的推进。为了实现预期的英语课程学习成果，为了使英语教学课程实施达到预期效果，应具备以下条件。

※ 一、加强英语教学理论研究，优化英语教学方案设计

课程实施是将课程方案付诸实践的历程，也是落实英语课程目标，引导学生实现英语课程学习成果的具体行动。英语教学始于学习方案（课程设计），有效的英语教学方案（课程设计）是良好的课程实施的必要条件，因为英语教学方案（课程设计）本身是影响英语教学实施过程的一个重要变量。

英语教学方案是由学者或教师、教育机构编制的，为了指导学生学习与实践，帮助学生更好地解读英语课程学习成果以及支持学生完成学习成果的策略而设计的文本，具体包括学习成果蓝图、学习内容、实施的组织和领导、评价标准和工具，以及评价指导办法。英语教学方案的设计是教师教育理念和教师教育研究成果的集中体现，因此，应该加强英语教学理论研究，优化英语教学方案。英语教学课程实施过程中需要周密的计划（方案），对实施目标、内容、策略、调适的设计以及实施的评价，都应该有妥善的安排：一是，明确学习成果，清晰规划实践学习路径；二是，建构可操作的英语教学课程内容与序列，促进学生学习成果的逐步获得；三是，规范与创新英语教学过程管理，保障英语教学课程实施效果；四是，构建具体而有效的实习评价标准与评价工具，优化英语教学课程评价实施过程。如此明确的英语教学课程方案，使得任何实施者与使用者对成果导向英语教学课程设计的观念与做法、内容与程序等都一目了然，有所遵循。同时，在英语教学课程实施过

程中，借由学习方案本身的内容分析其复杂性，不仅包括具体的英语教学内容层面（范围与深度）的观察，也包含了价值取向的改变。例如，“成果导向”“学生中心”“扩大机会与支持成功学习”之理念，也包括协同指导、达成性评价等方面的革新。在深入分析英语教学方案的明确性与复杂性的基础上，对课程实施加以评价，再由评价产生的回馈建议，促使英语教学课程实施方案的更新。

※ 二、引领师生双方积极参与，强化教师遴选

这里所谓的师生双方，“师”主要指英语教学教师，“生”指学生，双方均是英语教学课程实施过程中最直接的参与者。成果导向英语教学课程设计成功与否，教师的意愿、能力、适应和提高是关键因素。相关研究表明：教师参与课程发展可使教师更好地教授其参与发展的课程。因此，要积极建立教师遴选制度，一方面遴选优质教师保证教师参与学习指导的意愿与能力，另一方面加强教师培训，使其熟悉英语教学课程学习成果，理解成果导向英语教学课程的思路，引导教师依据学习成果（核心能力）调动学生自我发展潜力，并“以学生为中心”关注其存在的问题，更发现其长处，激发其积极情感，进而帮助与指导学生形成独特的教育哲学，获得其专业发展。具体而言：一是鉴于教师是学生成为合格教师的关键，应该制定英语教学教师的遴选标准，从教师的专业、教学经验、人际沟通的技巧及专业经验等标准精挑细选。二是应该将教师的培训视为教师教育的重要组成部分之一，重视教师参与成果导向英语教学课程设计与实施，并积极通过专家讲座、实践工作坊、网络平台学习等方式对教师进行“定位角色职责”“班级管理与组织”“实践场域的观察、交流与指导”等方面比较正规的培训，比如如何与不同类型的学生建立积极良好的关系，如何对学生的教育教学进行观察与评价，如何与学生开展协同教学等。培训项目通过提出明确的期望和要求教师对学生进行评估来指导他们的教育教学实践工作，并依此建立教师团体间的持续互动与交流合作模式。

学生在英语教学过程中的作用不可忽视，没有学生的积极实践、反思性实践，英语教学课程的预期学习成果就可能无法实现。英语教学课程实施最终是要培养学生能“带得走”的能力，达到预期的顶峰成果，这就要求学生主动积极地参与实施过程，如果学生被动地应付，英语教学课程将不能取得较好的效果。这就要求教师在英语教学过程中“以学生为中心”，依据核心能力地图，赋予学生更多选择机会，赋予其较高的期许，以鼓励学生为主，提升其自信心，并逐步引导其承担学习责任，积极实践，在较具挑战性的实践过程中获得较高成就。与此同时，还需要学生熟悉与行动研究相联系的反思性实践。

※ 三、加强英语教学的组织与领导，规范英语课程管理

第一，英语教学过程管理制度化。英语教学由教育行政部门、教育院校领导组成的专门机构来负责英语教学课程实施，以英语教学课程目标（核心能力）为依据，制定切合实

际的英语教学方案，明确规定各教师具体的角色与职责、指导任务，多方协同对学生进行“量体裁衣”式的指导。同时，英语教学方案中详尽地规定了学生的具体学习成果以及完成学习成果的时间序列。在此过程中规范的制度发挥了重要的作用，如“三位一体”协同培养制度、英语教学课程标准、学习指导制度、学生评价制度以及教师遴选制度等，努力使英语教学课程的实施过程有制可依、有规可守、有序可循，组织管理走向规范化、制度化。

第二，采用双轨制平行管理模式。为保证英语教学课程的有效实施，能够对英语课程教学过程中的重点环节实施质量监控与持续改进，采用双轨制平行管理模式，两套相互独立而且平行的管理系统共同参与。即一套管理系统专门负责英语课程计划及实施过程中的评价，另一套管理系统专门负责对英语教学课程的最终学习成果进行认证。两套管理系统各司其职而又相互配合，对英语教学课程实施的过程与结果两方面进行质量监控，有效地保证了英语教学课程管理的透明与高效，进而保证了英语教学课程的质量。

第三，创新现代化英语教学管理内容和手段。一方面，开展与线下教育教学实践联动的线上活动，开发英语教学课程 App，设立学生互动平台、交流社区等。例如：一方面，通过英语教学网站呈现教育活动设计方案和设计思路，与同伴分享学习成果；另一方面，提供多方联系与协作共享的有效平台，实现学生与教师、学生与学生、教师与教师的交流互动，在认同与协商的平衡中学生逐渐建构起自己良好的学习习惯和高效的学习方法。

※ 四、重视英语教学课程资源库建设，获得外部支持

课程资源是英语教学课程实施的最起码条件和支持，英语教学课程实施的应有水平与效果，一方面取决于课程资源的丰富程度，另一方面取决于课程资源的开发与运用水平，即课程资源的适切程度。成果导向英语教学课程有效实施需要人力、物力和财力，时间、设备设施和学校文化环境，以及对于成果导向教育与英语教学课程的认识。成果导向英语教学课程的顺利实施，必须有相应的素材性课程资源和条件性课程资源做保证，否则英语教学课程质量难以达到应有的水平。

第一，重视学校教育设施建设。教育设施是促进学生学习成果达成的条件性课程资源，教育院校通过建立完善的教育设施，帮助学生获得优秀教师的指导、榜样示范，助力学生养成良好的学习习惯。目前，高职作为高职英语教育专业英语教学的重要实践基地，其质量良莠不齐。然而，高职院校的品质或质量对教师角色的认同、敬业精神、专业伦理与规范等方面的陶冶都会产生重要的影响。因此，教育设施的遴选标准必不可少

第二，创设良好的育人文化环境。教育院校是否具备一个良好的育人文化环境直接关系到成果导向英语教学课程的实施效果。教育院校应充满活力，士气很高，对于成果导向英语教学课程充满好奇，愿意花费时间去了解与尝试，且明确自己在教师培养中的权责。带有这种实践场域氛围的院校，连同浸润其中的教师都易于接受和实施成果导向英语教学课程，积极参与教育实践规划与指导。相反，若高职院校缺少协同育人的氛围，导师队伍

积极性不高，即使采用行政命令，规定其参与英语教学指导，恐怕结果仍只是表面文章而已。因此，英语教学课程实施的领导者，应该设法建设好高职院校育人文化的氛围，积极创设一个共同合作、协同培养的文化环境。高职教育文化尤其是与教师、同伴的合作被视为影响学生实践效果的关键因素。应重视英语教学课程实施过程，且不断表示关注与鼓励，促使高校教师达成共识，明确学生在英语教学课程领域应形成的核心能力，并围绕具体能力指向设计英语教学指导内容与指导策略，营造成功情境与机会，期待所有学生都能达成自我实现的目的。

第三，建立英语教学课程学习成果数据库，拓宽学习成果的分享渠道。英语教学课程学习成果数据库可提供反映学生学习真实性和复杂性的资源或教学实录及其分析，以加强高职教育理论学习与学生学习实践的联系。在此基础上，优秀教案模板、课件、教学实况录像等学习成果或课程资源，有助于帮助其他学生或未来的学生对知识复杂性的深入理解，通过识别新情境的关键特征与通过资源库检索出最匹配的案例来把握应对具体教育教学问题的有效策略，并通过模仿、改造和借鉴等手段高质量地完成英语教学。英语教学课程成果的信息化对提升英语教学管理与指导水平，促进学生专业学习、自我管理，对提高英语教学课程的质量起到积极的促进作用。

第三节　基于成果导向的英语教学课程实施的具体步骤

在基于成果导向的课程实施原则下，英语教学课程的实施过程以预期的学习成果（核心能力）为主线，以学习前导师与学生共同研究拟定的英语教学课程预期学习成果为起点，围绕学习成果（核心能力）展开英语教学计划的拟定、英语教学指导与过程监管、学习成果评价与改善、过程反馈、成果展示与交流、总结性回顾，以学生学习成果的展示（存档）与交流为终点（目的在于学习成果的后续应用与课程的持续改进）。为保证 OBE 理念在英语教学课程实施中顺利应用，教师要按照一定的步骤实施。具体的实施步骤分为：学习前的条件准备与定位、实习中的过程管理与具体指导、实习后的课程成果展示交流与回顾总结三个阶段。具体的英语教学课程实施过程可以按照下列步骤展开。

※ 一、第一阶段：学习前的条件准备与定位

OBE 理念应用于英语教学课程需要一定的条件准备来保证，因此，教师在实施成果导向英语教学课程时需要做以下几个方面准备。

（一）导师的遴选与培训

不同于传统教育偏重知识传授与考试为主的教学评价，成果导向教育的特色在于重视培养学生能够“带得走”的，并应用于社会的能力，强调教学应帮助学生内化这些能力并

与实践相联结，这就是其突破传统教育的关键之一。

1. 导师的遴选

导师是落实成果导向英语教学、引导学生表现顶峰成果及达成预期目标的关键人物。教师应善于运用示范、持续诊断及评价、适切性的反馈以及建设性的介入等有效指导策略，以引导、协助学生达到预期成果。学习指导应秉持“反向设计”“协同指导”的原则，先确定学生成功学习的目标，再依此学习成果设计英语课程内容、指导内容及其范围，采取适宜、有效的实践指导策略引导学生达成预期学习成果目标，而非盲目地安排学习内容与指导。鉴于此，对于教师的遴选就提出了相应的要求，即：不但要具备卓越的教育教学能力，还应该具备一些其他能力和满足一些其他条件。例如专业背景、专业知识、专业能力以及专业性向。

经分析发现，以全新身份进入高职院校的学生最大的困惑是学习到的教育理论与实践脱离，而且在实践现场中遇到的问题又不能与学习前所学的理论建立联系。由此分析可知：学生除了具备专业知识与能力外，仍需要经验与经验反思的不断积累，并在教师的指导下促进新的教学理解和实践，进而创生新的实践性知识。然而，如果教师（高校教师）缺乏教育的第一手经验，或是因为他们没能大量地接触英语教育的新观念，就会很大程度上运用自己熟悉的方法，即“按照自己所接受的教育来指导学生”。因此，在遴选英语教学教师时，若能安排有现场教学实践经验的高校教师作为英语教学教师，这样在英语教学开展过程中，教师可以进行教学经验分享与心得交流，将有助于学生在实践场域中应对各种挑战。

总之，教师是学生能够学好英语的关键，且能保证英语教学课程品质与效果。因此，建立教师认证制度是必要的，也是必须的。有鉴于此，可探索多所大学联合实行英语教学教师认证制度，共同认证优质教师。在互惠与资源共享下，能快速建立认证教师人才资料库，让学生尽早获得高素质教师的辅导，如此可以有效提高英语教学效果。

2. 导师的培训

培训是高校教师成功地完成他们作为教师教育者责任的重要保障，是教师顺利实现他们从教师到教师教育者角色转换的必要条件。同时，培训也是满足导师专业发展的内在要求。然而，目前英语教育专业教师多由实践经验丰富的高校教师与担任，在承担教师这一角色前，极少接受专业的培训。这样就会产生很多问题，主要表现在：一是对自身教学、学习与教师教育培养目标缺乏深入的理解和认识，对要培养什么样的未来教师没有理论高度的认识；二是未能意识到自身作为指导者需要具备的角色和指导技能，很少反思自己的指导理念、角色与行为，常常受先前指导经验的限制；三是作为教师教育者的专业角色长期被忽视，指导英语教学被视为其工作负担，而非其实现专业发展的平台和契机。

鉴于此，为了让教师能有效开展英语教学指导工作，培训需要为其提供以下几个方面的支持。

第一，帮助教师转换角色。培训的一个重要任务是帮助教师转换角色，了解英语教学课程方案、英语课程学习成果、具体的学习内容以及作为教师在其中的角色。当然，在英语教学课程实施过程中，教师有多重角色，根据指导对话中教师的输入程度和指导程度将其分为独裁者、建议者、鼓励者、教导者四种角色。但培训的目的并不是让教师具备其中的某种角色，而是通过培训指导能够使其反思，意识到自己的角色定位，并根据实践情境、学生的学习需求及时调整自己的角色。教师的角色转换与实践情境、与学生的学习需求相互匹配，才是有效开展英语教学工作的关键。在此基础上，培训还应该帮助教师明确需要遵守的程序和规则，指导教师平衡自身的教育活动与组织和学习指导责任的关系，启发教师的思维，鼓励其批判、反思已有的教育实践，进而与学生合作尝试构建新的教育实践等。同时，教师培训与学习的过程可以进一步促进教师反省自身实践、改进教学，进而提高课堂教学质量。

第二，提升教师教育能力。从某种意义上说，教师教育能力决定了学生能够从英语课程中获得什么能力。教师的教育能力可分为：对学生行为表现进行观察与评价的能力，与学生建立高效专业关系的能力，聚焦实践问题、分析学生典型案例的能力等。

第三，促成双导师的深度合作。目前，双导师在指导学生的过程中容易出现这样的问题，即教师的工作与学生前期的教师教育课程内容学习没有有效地衔接起来，使得实践教师不清楚学生在大学已经学习到了什么，学习过程中哪些能力需要继续提升。高校教师不了解学生在真实情境中的实践经验，无法给予其理论的滋养和支撑。因此，常常出现学生的教师教育课程内容学习与实习经验不对称，二者未能实现有效整合和强化。那么，在教师培训中，双方的深度合作如何实现呢？在合作内容上，双方应该达成统一共识，提供交流平台增进彼此对学生的了解，明晰学生将“带走”什么样的能力，其学习的起点是什么，哪些能力需要强化培养，需要提供何种理论促使其澄清实践经验；在合作方式上，协同开展教师教育项目，建立专业学习共同体，促进双方全面、深入理解教师教育与英语教学课程学习成果，共同探究指导角色、分享经验。

（二）实践基地的遴选与管理

成果导向英语教学课程与传统英语教学课程在实践基地安排方面的主要不同在于：成果导向英语教学课程重视英语教学基地的遴选、英语教学基地的管理，将“目标达成”和“满足需求”的统一视为英语教学基地质量的保障。“目标达成”主要指教师教育培养单位在建设英语教学基地过程中有无明确的建设定位和发展目标以及制定的目标能否有效地实现以及能在多大程度上实现。即为促使学生获得英语教学课程学习成果，符合英语教学课程目标以及学生自身发展需要的建设规划。“满足需求”指英语教学基地满足英语教学“消费者”的需求，即为学生实现顶峰学习成果和提高教育教学实践能力提供支持性的实践情境和适宜性的实践指导。

1. 英语教学基地的遴选

英语教学基地都是精挑细选的，即为实现英语教育专业建设优质英语教学基地目标所需要的各种条件的归整，加强“入口”质量保障，优化实践资源配置。“入口”遴选主要从实践基地指导理念与计划、教师素质、英语教学行政支援以及英语教学指导成效与检核机制等几个方面，具体遴选指标。

此外，成果导向英语教学课程还强调发展场所之间的相互联系，以帮助学生在与先前教育基地不同类型的基地观察与践行特定的实践类型，并在与优质教师的学习与实践过程中进行学习。即教师教育院校在建设实践基地过程中有明确的建设定位与发展目标，将半日观摩、教育见习以及英语教学基地的选取相互关联、统筹规划，提前拟定“实践基地布局结构地图”，作为后续实践基地选取的重要参照，并依据实际需求弹性调整分配。

2. 英语教学基地的管理

英语教学基地的管理是一个充满复杂性的系统工程，涉及多个环节，而操作程序的规范化以及管理制度的全面细化是保证英语教学基地各个环节有序、有效运作的关键。同时，英语教学基地的管理与发展，不是通过单独一方努力而发展起来的，需要地方教育行政部门、教师教育院校、基地等多方协同合作与管理，才能实现其良性发展。鉴于此，可以从以下几个方面进行规范管理。

第一，建立协同育人的合作关系。为了稳定地方教育行政部门、教育院校、基地三方合作共赢的关系，应围绕英语教学课程目标、英语课程学习成果以及英语教学课程实施要求等签订实质性的合作共建协议，明确英语教学基地建设的相关利益者——地方教育行政部门、教育院校以及基地的责、权、利，并依规贯彻实施。这种互惠共赢协作关系的建立，逐渐形成教师教育院校“下移”、基地“上行”、地方教育行政部门“共管”的新形式。通过建立“三位一体”协同育人的新型合作关系，三个协同主体各司其职、合作共赢：对于地方教育行政部门而言，提供教育与课程发展的教育教学改革信息，从高位对学生的教育实践提供帮助和指导；对于教师教育院校而言，教育实践可以为其开展科学研究、实施教学改革提供“研究沃土”和新的视角；对于基地而言，政府的政策指引、改革信息以及高等院校的科研成果可以为其解决实际教育教学难题和院所发展困境提供新的方法和策略。另外，高等院校每个阶段定期进行基地意愿调查（包括：可容纳学生人数，教师队伍情况，特色，近年有无绩优奖励、违规事件等）、学生对实践基地满意度调查、基地对学生满意度调查等，明确基地和学生的真实需求，以实现彼此的“目标达成”。同时，三方不断共同总结和交流实践基地建设的经验，对成绩优表现好的基地、教师等给予奖励和表彰，并在财政拨款、评奖、评优等方面实行政策倾斜，不断促进实践基地质量提高。

第二，健全英语教学基地管理制度。目前，英语教学基地管理主要以高校教师为主，管理体制与方法均落后，未能形成有效的英语教学基地管理体系。因此，当务之急是必须建立地方教育行政部门、教师教育院校以及基地“三位一体”协同互动式英语教学基地管理模式，并成立专门的“英语教学管理办公室”，主要负责英语教学基地统筹规划、统一管理英语教学基地工作，包括：教师的选派、学生的分配以及英语教学的组织与管理等。同时，该管理办公室还负责制定英语教育专业英语教学课程方案、英语教学课程指导书。

三方协同制定英语课程实施计划，才能将学生的实践教学需要与基地的具体实际情况结合起来，保证学生的英语课程学习成果与基地提供的支持性实践场域双向对接。

第三，完善英语教学基地监督与评价制度。目前，英语教学基地的遴选与建设多由教师教育院校独立承担，其标准也由各培养单位自行拟定，存在较大的随意性与主观性。同时，在英语教学基地建设质量验收、监督以及考核评价中责任主体缺失，进一步加剧了英语教学基地建设与遴选标准的主观性与模糊性，恶化了教师教育院校英语课程质量提升的外部环境。因此，需要地方教育行政部门、教师教育院校以及三方共同协商，制定英语教学基地的标准，严格落实选拔制度，把那些真正符合标准的发展为英语教学基地，从源头上提高英语教学基地建设的质量。在此基础上，三方协同建立科学的督导与评价机制，明确评价标准，优化监督与评价过程，公示评价结果，为英语教育专业英语教学基地建设提供参照准则与依据，也为地方教育行政部门资金投入、制定相应的奖惩措施提供参照。尤其是对已公示的优质英语教学基地实行政策倾斜与物质奖励，激励其参加英语教学基地建设的热情，从而增加教师教育院校英语教学机会的供给。

（三）英语教学计划书的研拟

根据学生个体的发展需求，尊重学生个人特点、能力和发展意愿是成果导向英语教学课程实施遵循的一个重要原则。因此，学习前导师与学生需要充分沟通，共同拟定英语教学计划书，以了解未来英语教学的方向与内容。英语教学计划书的确定关乎学生未来职业的方向，是教师教育院校与教育实践基地评价学生表现的依据，也是学生反思学习表现的参照。其主要内容包括以下几个方面：第一，英语教学课程的学习成果（核心能力）与成果表现形式；第二，主要学习内容与学习方式；第三，预定进度与完成期限。

成果导向教育理念中的扩大机会强调“不是所有学生都能在同一时间以同样的方式学习同样的内容”，这就要求实践场域和双导师要努力为所有学生创设促进学生专业表现的实践条件，提供更多参与教育教学活动的机会。同时，也要求双导师以更加弹性的方式回应学生的个体差异，基于学生自身的“实践认知图式”拟定英语教学计划书，进而给予学生更多的适宜的学习内容与展示学习成果的机会。鉴于此，上述英语教学计划书的内容要充分考虑学生个性化的实践需求，经由学生、高校教师、实践教师共同研商拟定，并于英语课程正式实施前交由教师及实践基地建档列管（列管指因应公共秩序需要，将特定对象列入查考，以便管制），以此作为英语教学指导及评价的依据。

（四）发布正式的学习成果要求

英语教学课程实施前，教师向学生解读英语教学方案，要求其明确该实践课程在教师培养体系中的性质与地位，也要明确英语教学课程的目标与内容，更重要的是明确英语课程的预期学习成果（核心能力）、成果表现形式以及考核评价的方式、方法与标准。

又如，成果导向英语教学课程注重培养教师的反思能力，而反思周记可以说是该核心能力可视化学习成果的表现形式。

发布学习成果的要求，不是简单地规定必须要提交哪些学习成果。教师应该针对学习成果及其要求进行必要的分析、讲解、指导与统整，以帮助学生明确并理解具体的要求及成果表现形式。因为教师的知识基础、认知模式及思维结构与学生有较大的差异，尤其是教师教育者基于自己的知识体系所编制的学习成果、要求及其表现形式，学生不一定理解或理解正确，所以教师需要发布并解读学习成果要求及其考核方式。

※ 二、第二阶段：学习中的过程管理与具体指导

（一）围绕学习成果指导与管理

从英语教学课程实施起，学生就进入了个体自主学习实践和共同体协作学习阶段，教师的主要任务是围绕学习成果进行引导和指导，在学习成果完成的进度上予以引导，在学习成果完成的质量上进行指导。例如，在学生游戏活动支持与引导不到位、设计与组织实施各领域教育活动等遇到困难的时候及时给予指导，提供给参与“临床”实践的学生相对完整的宏观思路和具体化的操作提示。下面从学生参与“临床”实践工作现场的角度，呈现一个“集体教学活动设计与实施能力”学习成果的指导过程片段。

同时，教师指引学生组建学习共同体、实践共同体——“实践社群”，并协助该社群的运作与管理。该“实践社群”是由一群对英语教育知识领域、技能怀抱相同兴趣的个体所组成的，学生们在相互认可、认同的基础上自然形成一个学习共同体、实践共同体，就具体的学习成果或实践困惑开展共同的学习与探究。此外，社群成立需要推举一位教师担任社群负责人，社群负责人有辅导、指导学生参与相关研讨的责任，其辅导运作模式采取一对多或是多对多方式进行。实践社群可以共同探讨实践基地落实英语教学计划的情况或辅导学生提升教育教学技能，或探讨学生在实践情境中的困惑等。例如，学生学习成果分析与进展跟进、实践工作情境案例分析、学生参与教育活动的反思等，凡是可以增进对学生的指导与管理的“关键事件”，都可以成为“实践社群”运作的部分之一。

（二）以学生为中心的答疑与辅导

成果导向英语教学课程执行原则之“扩大机会”要求教师要努力为学生提供更多成功的机会，在辅导方式、绩效标准等方面充分考虑学生的多样性与差异性，提倡教师善用不同的辅导方式，扩大学生成功学习的机会。同时，相关研究也表明：教师为有效地进行辅导工作，应对不同类别的学生采用不同的辅导方式。

半途而废者（Teacher Dropout）应采用指导型方式；没有焦点的工作者（Unfocused Worker）应采用合作型的方式，辅导者重点在于呈现辅导想法，多提供意见；分析观察者（Analytical Observer）应采用合作型的指导方式，辅导者需和学生多交流讲述重点，协同执行计划并注意学生的执行情况；专家（Professional）则应采用非指导型的方式。因此，本书沿用格利克曼（Glickman）由学生“投入程度”“抽象思考能力”交织而成的四种不同类型（半途而废者、分析观察者、没有焦点的工作者、专家），而发展出三种辅导方式：指

导型（Directive Orientation）、合作型（Collaboration Orientation）以及非指导型（Non-directive Orientation），作为本书教师辅导方式的三个构面，并进一步探讨其对学生的影响。具体如下。

1. 指导型

教师以指导者的角色“入场”，提供英语课程资讯的主要来源，为学生指引方向，清楚告知学生应达成的学习成果，应做的行为，为学生设定预期的指标，并给予“高度期许”激励其达到预期的目标。

2. 合作型

教师使用非指导型的行为模式了解学生的想法，但也向学生提出自己的观点与建议，双方经过充分的讨论交换想法、意见等以解决学生的困惑与问题，最终二者达成一致的看法。

3. 非指导型

教师尽量不去影响学生的自主决定，以协助者的身份支持其自行决定自己的目标和预期学习成果，并支持与鼓励学生独立地思考、自主解决问题。

从上述教师的辅导方式而言，教师以学生为中心，依据其在实践过程中的投入程度、教育实践能力、独立思考能力等，积极调整辅导方式，提供适宜的指导。在学生完成学习成果的过程中，教师不仅可以与个别学生约定现场答疑与辅导，还可以创新英语教学管理的形式，通过设立学生互动平台、交流社区，实行教师与学生、学生与学习同伴个体等多主体的及时沟通，以解答学习过程中遇到的困难和问题。

在此基础上，教师还可以定期安排一些反思性的研讨会，在研讨会上学生可以就每天参与的实践与体验进行批判性的讨论，也可以分别针对自己在真实情境中遇到的困难或疑问共同研讨，同伴互助与教师辅导共同致力于帮助学生更好地完成各项学习成果，并将自身体验与其已有知识和经验联系起来。实践经验与同期的反思性研讨会有着密切的联系，一般而言，在研讨会中会提出需要在实践场域中进行探究的任务和问题，讨论支持对实践的分析和深入学习。之所以提倡教师与学生定期举行反思性研讨会，是因为经验丰富的教师经常凭直觉做决策，不会把时间花在正式解决问题的过程中。如此一来，学生观察与学习到的只是教育事件的处理过程或结果，此决策背后的真实原因，或支持该决策的“源头”并未被赋予显性化的形式呈现。因此，学生会产生困惑与不解，而实践共同体一起思考与讨论他们面临的关键问题和挑战，进而指导学生实践行动计划：行动—对行动进行回顾—注意到必要的方面—产生替代性的行动方法—尝试等反思性实践的五个阶段。

一是，行动（Action）。即学生参与具体的实践并获取一定的经验，这是其进行反思的前提。

二是，对行动进行回顾（Looking Back on the Action）。这种回顾通常是学生在独立组织实施集体教学活动、指导区域活动结束之后的研讨会上进行的，由学生本人、其他学生同伴以及教师共同参与反思、讨论。对行动的回顾使得学生将注意力集中到教育教学行为的某些片段和细节上。

三是，注意到必要的方面（Awareness of Essential Aspects）。在这一阶段，学生对自己的实践存在的问题有了较为清楚的、概括性的认识。

四是，产生替代性的行动方法（Creating Alternative Methods of Action）。在这一阶段，学生借助于同伴的互动以及教师的辅导，找到解决自身存在问题的办法。

五是，尝试（Trial）。学生开始新的实践，并将替代性的行动方法应用于新的实践。

在教师答疑与辅导的基础上，学生不断调整自己的实践行为与表现，做出明智的改变。通过反思性研讨会，学生获得多方有效的答疑、辅导和支持，使这一答疑与辅导的过程成为其英语教学中很有意义的“关键事件”。

（三）以持续改进为目的的学习成果评价与改善

教师依据成果导向英语教学课程方案或英语教学课程指导手册上具体学习成果的评价标准对学生提交的学习成果（如书面材料、视频、照片等）进行评价与及时的过程反馈，指出存在的问题并给出相应的原因以及需要调整的意见与建议，或通过专门组织英语教学成果评价与反馈研讨会，一方面针对学生提交的阶段性学习成果予以评价与反馈，另一方面现场研讨共同完善学习成果，发挥实践共同体的功能，探寻调优（调整与优化）方案与对策，探索学生专业发展新的生长点，以促进学生教育实践能力的持续改进。

学生根据教师的评价与反馈意见，或者参考其他同伴的实践经验与学习成果，对自己的学习成果进行修正与完善，重新提交给教师或英语教学成果评价与反馈研讨会，进行新一轮的评价，并以修改完善后的学习成果取得的成绩为准。因为，成果导向聚焦的是学生最终达成的顶峰成果，学生在过程中某一次不成功的学习成果，只作为其修改与完善学习成果的依据，也是教师改进其指导策略和方法的参照，不代入最终成果。而且，这样还能激发学生修改与完善的积极性，有助于其及时了解学习效果并掌控学习的努力程度。

※ 三、第三阶段：实践学习后的课程成果展示交流与回顾总结

学习成果的展示交流与回顾总结是英语教学课程实施过程中不可或缺的一个重要环节，它既可以帮助教师了解和掌握学生“目标达成”情况、学习成果的适切度，进而有效调整指导方法与评价方式，又可以激发学生高效而优质地完成学习成果，激励、推动其深度思考与实践。在互动交往中提高学生教育实践能力和综合能力，获得成功的实践体验，增强对教师的职业认同感。

（一）英语教学课程学习成果的回顾与总结

学生是在英语教学课程实施过程中渐进式地完成各项学习成果的，教师也是在实践进程中给予过程性指导与形成性评价。为了避免学生“过后就忘”，保证英语课程学习成果的实践品质以及促使其不断追求顶峰成果，在英语课程结束时有必要要求学生对已经完成的各项学习成果进行一个总结性回顾。针对每项预期的学习成果，学生要深入反思进行总

结性回顾，以促进其有效迁移。此外，英语课程实施结束，学生的学习成果分布情况，每位学生对学习成果的认知程度、掌握程度，既需要学生本身清楚、明确，又需要知道学生的反馈。因此，在本阶段需要每位学生对其英语课程学习成果的完成情况、掌握情况、所学所思所做予以总结，以有利于教师根据反馈结果对英语教学指导策略与指导过程进行诊断。除了上述总结性回顾形式以外，学生成长档案、个人学习成果清单也是学生完成自我成长分析，回顾与总结自己作为学生的表现的重要选择形式。此种回顾总结的形式，一方面可以帮助学生清楚总结分析自身的优势与需要改进的地方，成为教师和职业生涯发展中心人员审阅、提供评价反馈的依据；另一方面此种形式的回顾性总结包含学生自己英语教学教育活动计划与实施、观察与评价学生、班级管理与环境创设等经验工作“要点”（Bullet Points），会帮助其“自我推销”，彰显自身的经验与能力，促使其在未来职业面试和申请中脱颖而出。

（二）英语教学课程学习成果展示与交流

成果产出是英语教学课程成功与否的重要体现。那么，学习成果的展示与交流就是英语教学课程实施过程不可或缺的一个重要组成部分，学生在观摩、参与、研究教育实践的经历与体验中会生成一些反思，在完成预期学习成果的过程中会有困惑，亦会有对实践知识的理解、感悟以及独特的创新发现，其实这些都是学生完成英语教学课程的宝贵学习成果，而这些学习成果需要通过展示与交流才能得到进一步提升。

1. 转变成果展示理念：从检查到展示

学习成果的展示与交流是一种多维度的互动交往。目前，英语课程成果展示大多是教师（高校教师）对学生的“作业”检查，教师是主体，学生是被动的接受者，这种单向封闭的“作业”检查，不利于精准地掌握学生的思维状态与实践能力，不利于英语教学课程实施的持续改进，更不利于学生的可持续发展。因此，教师需要转变成果展示的理念，实现从“作业”检查到展示的转变。以学生为主体，促使学生主动展示交流，在展示与交流过程中分享、反思、研究教育实践的经历与体验。

2. 拓宽成果交流平台：从小组到大组

合作学习是保证学生成功实践，促使其持续向高阶挑战，达成顶峰成果而采取的合作模式。目前，成果展示交流常局限于小组内部，通常缺少较大范围全班或全年级的交流。为了扩大学习成果，实现更大领域的合作共赢，教师教育院校应不断拓宽展示交流的平台，从小组交流到全年级展示，促使学生的学习成果得到最大程度的分享和提升。例如，某高职院校每年都会专门组织“实践教学成果展”，在教师的指导下互相汇报交流预期学习成果，共同探讨实践过程、完成学习成果过程中遇到的困惑与问题，并尝试合作解决真实实践情境中的难题，完善预期的学习成果。同时，遴选若干学生代表向所有本专业学生以及下一届的学生展示、汇报学习成果，与同学、教师们共同分享，并提出组内尚未解决的问题，交由大家分析讨论，最终提出相应的解决思路和方案。学生们经过自己的努力，聚集体智慧，自主学会了如何实现“目标达成”，以增进英语教学效能。

3. 改变成果展示形式：从“实践作业”到“实践作品”

英语教学课程的学习成果一般需要依托一定的展现载体。目前，展现学生学习成果的主要媒介即“实践作业”包括反思日记、教育活动设计方案、英语教学总结等。以上“实践作业”通常由教师拟定，然而这种检验学生学习成果的方式具有一定的局限性，一方面学生为了完成“实践作业”更多关注书面形式材料的撰写而非教师教育知识的应用与实践反思，另一方面也抑制了学生的主观能动性、独立性与创造性，阻碍其实现高阶、顶峰学习成果。相比较而言，同样是承载学习成果的“实践作品”则以其开放性、独创性和激励性赋予了学生更多自主学习的权责，激励其不断完善与优化学习成果，逐渐成为反思性实践者。例如，台湾彰化师范大学举办英语教学绩优档案竞赛，以鼓励学生制作英语教学档案。其实，制作英语教学档案的过程，也是学生再认识英语课程成果，转换专业标准理论为实践力的过程。竞赛分为个人奖（英语教学学生 / 教师楷模奖）与团体奖（英语教学合作团体奖），以个人奖为例，主要通过英语教学楷模事迹（业绩、重大的成就）、英语教学计划书、课程设计与教学创新做法、校园人机互动、教学、导师、研习等精要记录及心得、教育生涯的期许与发展等“实践作品”形式展示交流，并给予奖状、奖品以及奖金等奖励。由此，既把学生“作业”变成了“作品”，提升了学习成果的品质，又促使学生变得更积极、更有创意。通过凝聚学生实践智慧、心血和创意的作品的交流展示，学生得到更大的满足，收获更多的自信。

对所有英语课程学习成果的展示，教师均要求学生提供纸质版和电子版（如视频、照片、电子文档等），以便不定时公开展示与存档。存档的“实践作品”一方面是便于学校相关部门或第三方做督查与评价；另一方面也可以作为教师进行英语课程调优的参考。例如，邀请优质的用人单位对学生学习成果进行评价，了解其对学习成果质量的评价标准及评价尺度。同时，听取对学习成果设计与交流展示的建议。此外，在成果导向英语教学课程实施过程中，不仅要重视学生的学习成果，更要关注教师对学生学习成果的正式与非正式评价（包括：书面性评价、言语性评价）。

英语教学课程实施是将英语教学课程设计付诸行动的过程，旨在缩短理想与现实的差距。换而言之，旨在改变现实，创设有利实施条件与配套措施，明晰实施步骤与策略，使其导向理想。英语教学课程的参与者一定要注重英语教学实施的过程，否则课程设计再理想都无法实现。英语教学课程实施要注意以下几个方面：一是课程实施不是将固定的学习方案转为现实，而应该注重在实施时对学习方案因应调整、调适；二是英语教学课程实施是一个极其复杂的过程，需要不断检查实施时应有的改变层面，如理念的改变、学习方案的变化、实施策略的革新、参与主体的角色和行为的调整等；三是英语教学课程实施受学习方案本身、英语教学的参与者、实施的时间、各种外部因素等诸多因素影响，实施者应该周全、深入地加以分析，且努力促使这些因素成为助力而非阻碍。

第七章　基于成果导向的高职英语课程评价

有效的评价是成果导向教育中完整学习过程中不可或缺的一部分，包括过程与成果、认知与情感范围的持续评价，会激发学生的学习责任感。成果导向评价强调结果、质量以及有价值的“以学生为本”的成果，注重实效，关注现实和问题的解决。通过对以“成果为本位”的反向设计的探索与深入研究，进行鉴定、判断、反馈、管理、调控、引导、激励以及研究等，从而建立全新的综合成果评价体系。

英语教学课程评价是指在一定教育思想的引导下，依据英语教学课程标准对英语教学活动及其效果给予价值上的判断和评估。当前英语教学课程的评价多以经验为主，评价内容狭隘，以学生实践材料完成情况的“文本”为导向，或仅仅着眼于学生“上课”技能掌握的程度。以教师为中心的终结性评价，强调共同标准，评价注重学生之间的比较，常运用优秀、良好、中等、差等级评价，往往缺少回馈和改进措施。而成果导向教育理念下的英语课程评价以学习成果为导向，重视建构主义的、定性的、多元的评价方法，强调标准参照、自我参照，评价注重学生的最终成果（顶峰表现），阶段性成果只作为下一阶段实践学习的参考，并在学习过程中不断检核进步情形，常运用符合 / 不符合、通过 / 不通过、达成 / 未达成等作为最终评价。同时，注重运用激励与反馈、高度期许与引导，激发学生自我潜能，将其引向专业发展的“最近发展区”，从而不断提高其学习成果。总之，成果导向英语教学课程评价是将评价的重点聚焦于“学习成果”（核心能力），并以学生为中心，建构基于学习成果的“过程 + 结果”的双层评价、学习成果的达成性评价的评价内容，综合采用多维证实，如：审核成果文件夹、实际操作并说明、学生自我评价、口头访问调查等多种评价方式。

本章以学前教育专业英语课程教学为例，主要论述三个问题：一是，成果导向英语教学课程评价的设计思路，主要是厘清评价的范围、评价的目的以及评价理念或价值取向，因为不同的评价范围、目的以及理念或价值取向会导致采用不同的评价手段、技术和方法；二是，成果导向英语教学课程评价的原则，明确指出成果导向英语教学课程评价所依据的准则，以指导英语教学课程评价顺利进行，否则英语课程质量和效果会受到影响；三是，成果导向英语教学课程评价体系，根据课程评价体系的关键要素，从评价主体、评价标准、评价方法三个方面来解决“谁来评”“评什么”“怎么评”的问题，以供学前专业英语教学课程设计者参考。

第一节　成果导向英语教学课程评价的设计思路

※ 一、确定英语教学课程评价的范围

所谓课程评价，就是“以一定的方法、途径对课程的计划、活动以及结果等有关问题的价值或特点作出判断的过程”。从其概念分析来看，课程评价的对象不仅包括课程计划、课程的实施过程，还包括课程实施的效果。将其迁移至英语教学课程评价会发现，英语教学课程评价不仅包括对学生的评价，还包括对英语课程设计方案、英语课程标准等的评价以及英语课程实施过程中的质量监督与管理。但评价范围的确定与选择也受到评价理念、评价目标、时间、资金等因素的影响，因此，本书将英语教学课程评价仅定位在英语课程实施效果的评价，即通过对学生的评价，以其达到预期课程目标的程度作为持续改进的依据，以实现英语教学课程的最优效果。

成果导向英语教学课程评价的焦点是学生的学习成果（核心能力），该“成果”就是学生经由英语教学课程后获得的知识、技能、判断、态度、价值观和人格，即学生于英语教学课程结束时所达成的专业发展与专业成就的知识、技能及态度的整体行动能力。此外，对学生的评价还包括其专业实践态度，如专业认知、专业情感、专业伦理等，但专业实践态度均以具体的行为特征来表征，并融入学习成果中。因此，在明确学习成果范围之后，才能设计规范化评价标准，使用科学化的评价方法，进而实现成果导向英语教学课程评价的目的。

※ 二、明确英语教学课程评价的目的

评价是协助教师教育院校在课程发展过程中收集信息、了解问题、研拟策略、改进课程的重要机制。联合国教科文组织指出（UNESCO，2003），评价旨在借由评判观察内容来协助修正或改善特定计划、专案或课程。沃尔夫（Wolf，2006）等人认为，课程评价具有五个方面的目的：一是，再次确认课程需要努力改进的部分；二是，评价已进行改变的成效；三是，呈现当前课程的成效；四是，符合课程定期或阶段性评价的要求；五是，满足专业认证需求。课程评价所收集的资料可用于呈现当前课程在课程设计、教学、评价、学习环境等方面的改变。可见，评价的目的不在于证明什么，而在于改善，用于持续提升课程、教材、教学与评价的品质，检验核心能力以及能力指标。

目前，英语教学课程评价的目的侧重选择与分等、鉴定与选拔，旨在通过学生的最终学习成绩，区分出不同的层次、等级，缺少激励与改进的功能。而成果导向英语教学课程评价则强调反馈、纠正、调控的功能，对学生充满高度期许，即使再差的学生也存在一定

的发展空间和潜力，只是每个学生的发展速度不同而已，以此持续促进学生不断追求顶峰学习成果。英语教学课程评价既是英语教学课程的总结，又是学生未来职业发展的起点、向导和动力。因此，成果导向英语教学课程评价应该具有“闭环”特征，即通过阶段性评价或过程性评价帮助教师及时发现学生的实践情况、行为偏差以及优势与不足，通过回馈功能引导学生学习与实践，帮助其自我诊断，并及时纠正其偏差，最后通过改进功能分析产生偏差的原因，创造各种成功的机会，以引领其发展的方向，并最终实现学生实践知识、专业能力以及职业素养的全面发展。同时，以学生学习成果作为导向的评价，还会影响教师的指导策略，并成为教师教育院校改进英语课程的重要依据。总而言之，学习成果评价无论是对学生、教师，还是英语教学课程都是必要的措施和保障。以评价激励学生积极、有方向、有目标地实践，改进教师的指导策略，提升英语教学课程的品质，实现英语教学课程的学习成果是成果导向英语教学课程评价的最终目的。

※ 三、明晰英语教学课程评价的思路

成果导向教育理念下的英语课程评价强调以学习成果为导向，以学生为中心，实现对英语课程体系的持续改进，一方面优化英语课程设计与实施，促进学习成果的实现，另一方面完善学习成果使其进一步适应教师专业标准和行业需求。成果导向教育理念下的英语课程评价可以分为两个阶段。

第一阶段，依据《专业标准》、行业与学生需求，确定英语教学课程的预期学习成果。然后，鼓励教师针对实践场域条件、学生现阶段的能力基础进行研究，制定评价学生学习成果的标准、工具、指导原则等，为有效的英语教学课程评价做好前期准备。同时，教师还需要深入领会评价理念，做好评价前的理念准备。秉持所有学生都是成功学习者的理念，创造各种成功的机会，采取各种鼓励的措施，分阶段对学生阶段性的学习成果进行实时评价与反馈，并逐步引导其取得顶峰成果。

第二阶段，依据预期学习成果，明确多元评价主体（教师、学习同伴、学生个人），参照学习成果评价标准，选取适宜的评估方法，采用多维度模式建立和发展真实的评估体系，如多维证实、建立文件夹 / 档案袋以及评价任务包。多维证实，包括从学生学习计划书、学习成果的展示与解释陈述、自我参照评价、教师对学生的观察、学生反思周记等方面进行评估；文件夹 / 档案袋的内容可以是任何能够证实英语教学课程学习成果的行为表现或“典型作品”，具体包括：观察评价表、教育活动演示评价表、学生教学演示前的计划表与教学演示后的反思评价表、证明学习成果的视频、照片等；评价任务包主要指：评价学生的学习计划以及计划的执行情况、评价学生教育活动演示或一日生活中问题解决的能力、典型任务卡的完成情况等。总而言之，英语教学课程评价人员要依据英语课程学习成果，对学生已完成学习成果的实践证明材料、数据进行收集，并通过考量学生在学习过程中的表现及成果文件的水平来判断其学习成果的实现程度。接下来，就结果进行解释，并决定

需要采取哪些改进措施以调整与优化、反思与巩固学生的学习成果。最后，继续收集最新的学生实践证明材料和数据，并采取措施改进学习指导策略、学习进程等，并把成功的成果应用于实践，逐步引导学生取得顶峰成果，以提升成果导向英语教学课程效果。

第二节 成果导向英语教学课程评价的理念

评价理念是成果导向英语教学课程评价者解决评价过程中实际问题时所依据的纲领，也是在实施评价过程中对“谁来评”“评什么”“怎么评”“如何用”等问题的理性认识。

※ 一、评价主体：评价是利益相关者协同诊断的过程

目前，英语教学课程评价主体单一，仅突出教师的评价，忽视学生个人评价。单一的评价主体主要体现在：一方面，英语教学成绩由学生所在高校教师给予评定，评价具有很强的主观性，容易受到教师人情关系、个人偏好等因素的影响；另一方面，由高校教师与实践教师共同作出评价，评价权重各占 50%，评价结果相对公平、公正，参考了实践教师的评价意见，但也较为主观随意、片面。由此看出，评价主体的单一可能造成收集与获取评价信息的渠道被窄化、教师掌握“成绩大权”而高高在上的客观现状，造成评价主体与评价对象之间关系的不对称等负向影响。鉴于此，应该根据英语教学课程评价的需要，选择合适的评价主体，或多主体共同参与完成评价，强调以多数人参与的评价（客观）改进少数人参与的评价（主观）。评价主体的多元化可以促使从多种渠道获取被评价者信息，因为面对共同的评价标准，各评价主体均会结合自己的专业理论、工作经验或亲身体验，从不同视角收集信息进行评价。因此，评价结果会更有效、更全面，也更真实、更客观。这样，不仅可以充分发挥评价者各自的专业优势，还可以避免评价者草率地作出评价，进而使得评价结果更加符合实际情况。

※ 二、内容定位：评价是检视学习成果目标与标准的过程

成果导向英语教学课程评价究竟评什么？想要学生做什么或达到什么能力？教师教育院校必须事先将英语课程预期学习成果很明确地告知学生。成果导向英语教学课程评价内容范围的定位，要依据最初英语课程所列出的学生应达成的学习成果目标与标准。由于英语教学课程学习成果的多元性，所以评价应该关注“最有价值”的成果。因此，在设计与实施英语课程评价之前，首先要清楚聚焦学生的学习成果，并达成广泛共识。由此，英语教学课程学习成果的确定，也相当于明确了英语课程评价内容的范围，即对一日生活的组织与保育能力、游戏活动的支持与引导能力、教育活动的计划与实施能力、学生发展的观察与评价能力以及教育实践的反思与学习能力的检核。通过英语教学课程评价与反馈的循

环，不断检查英语课程学习成果的适切性、达成度。比较学生学习成果与课程目标，以此来判别现状、差异以及变化。因此，清楚、明确并达成共识的目标，不仅是英语课程评价的核心，也是评价的基础。同时，也限定了英语课程评价的内容范围，是厘清、检查学习成果目标与标准的过程。

※ 三、方法实施：评价是研判成果达成度的过程

成果导向英语教学课程评价应包括直接与间接评价、正式评价与非正式评价、标准参照评价与自我参照评价、质性评价与量化评价相结合的形式，并利用多元化的评价方法，如档案袋评价、观察记录评价、教学演示评价、专业谈话评价等，以实现从多个角度证实学生的实践行为表现。正式的终结性评价用以评价学生的教育实践能力，为决定其实践学习成效，或能否进入下一个学习阶段，该评价结果应向学生及其重要他人（学业导师、班主任、父母等）报告。同时，正式、持续评价的结果，可以帮助学生建立发展档案袋，作为学生进步与发展情况的可视化证明。非正式、过程性评价可借由教师非正式评价（观察、访谈）、学生自我评价、同伴互评等多元评价方法，以评析学生的实践学习成效。但无论采用哪种评价形式与方法，都应该将评价结果及时反馈，作为学生重新审视自己的目标、调整策略、持续改进的依据，作为教师提供协助或延伸学生实践的依据。学习过程中实施正式、终结性评价至少两次（英语教学中期检查表、英语教学最终评估报告等），非正式或正式的过程性、发展性评价则以激发学生最高表现为原则，视其完成学习成果进展情况适切调整。

※ 四、信息反馈：评价是提供成果改进资讯的过程

信息反馈是信息作用于被控系统后，输送回产生的结果，与预期信息进行比较、判断，确定它与目标的差距，然后采取相应的调节措施，消除或减少差距以实现系统预定目标的过程。研究表明：提供有效的反馈能够促进学生学习，且评价反馈能够告诉和激励学生，并以独特的方式增强他们对学习内容的记忆。同理，在实践场域中，及时地反馈是提高学生教育实践能力的最佳途径之一。具体来说，访谈教师发现“针对学生上交的实践材料或观摩学生的教育活动组织后，作为教师只提供其‘不错’‘一般’‘还行’的反馈与没有给出任何反馈的结果基本相同。如果没有给出具体的反馈意见，没有具体解释哪里做得对与错，以及指导其下一步如何做，需要怎么准备等，下次再去观摩其示范课，发现‘山依旧在那里’，学生根本没有意识到自己的问题所在，或者意识到了也不知道如何做会更好”。相反，访谈中还有教师表示“每次在观察学生独立组织活动后，一般都不会直接告诉他们‘应该怎么做’或‘这样做是正确的’，我觉得直接呈现‘正确答案’会限制其思路，而且我这么做也不一定是最优的选择，还是要他们自己去摸索出适合自己的个性化的方法。所以，我常常是通过渐进式的提示（来促动他们学习）”。从两位老师的访谈中，教师不难发现：

反馈信息一方面不能直接给出“模糊式”或“结论式”的评判而没有任何引导与提示，另一方面反馈信息要成为支持学生持续发展的有效“支架”，反馈不是直接呈现正确的做法，而是不断激励与引导学生建立自信，并通过渐进式提示信息，独立探索出适宜的教育方式方法。与此同时，有效的反馈不仅取决于反馈的类型，而且取决于反馈的时间和学生的时间知觉，有预期的及时反馈很可能激励参与者的表现。例如，当学生们知道在一段时间内不会获得反馈时，他们会付出更少的努力。相反，当学生知道他们会很快获得反馈后的表现比长时间延迟反馈的表现会更好。此外，评价反馈还能够建立起学生与教师、学习同伴、督查教师之间的多向信息交流，使学生教育实践能力在反馈信息的不断处理和修正过程中得以改进和提升。

可见，评价是为学生提供学习成果改进资讯的过程，是为学生提供专业发展的诊断服务的。在评价过程中，给予学生多次的评价机会，并在每次评价后，诊断并向学生反馈在哪些方面还存在发展空间，学生据此调整、改进，不断趋近于实现顶峰学习成果，并最终获得顶峰成果。

※ 五、结果呈现：评价是学生教育实践能力可视化的过程

艾斯纳主张采用各种适当媒介将个人拥有的私人经验或概念形之于外，成为共有的经验。借助各种呈现方式将私有的经验或概念公开或者转化，避免个人只关注任务或活动本身，而忽视个人与环境互动，忽视视、听、触等感官的参与。作品的呈现有助于个人意识的转化，尤其通过再现的方式，借助“媒介”能够促进教师与个体的沟通，帮助教师真正地理解个体。同时，艾斯纳还主张运用各种感官产生经验和概念，也主张运用各种感官去实现经验和概念。对于呈现方式的运用，艾斯纳提出模拟途径、表意途径、传统途径三种方法。模拟途径是指呈现方式重在代表经验或概念的表面形式，即在模仿外在的形式；表意途径旨在呈现经验或概念的深层结构；传统途径即按照文化中的各种规定去呈现。对于呈现方式的组织或安排，可以遵从规则取向，也可以是较为开放的取向，前者如文字材料、统计数据，后者如视频影像、照片、画册等艺术作品。鉴于此，学生的学习成果呈现方式，除了书面文本材料外，还可以是视频影像、照片、电子成长档案等。采用如此的呈现方式可以提升和增强学习目标，可以帮助确保学习成果“黏附”于学生的记忆中，以备实践需要时提取。同时，媒介的选择对于个别化教育和教育机会均等也非常重要，鼓励学生充分发挥个人潜能，实现顶峰学习成果。

在此基础上，成果导向英语教学课程评价的参与者还应该充分整合正式、非正式的评价结果，尽量引导学生保存其学习过程中的视频、照片、文本、作品等证明其学习成果的实践材料。评价以可靠、有效的事证为基础，以学生实践学习成效来检验课程目标的达成度，而非草率地仅是提出评价结果。成果导向评价结果的呈现由以往以文本材料（以书面文字、表格等为主）为主的方式逐渐转化为雷达图、视频、照片、电子成长档案袋等方式，

以此方式呈现评价结果，既能有效协助改善英语课程品质，又能同时呈现学生多维能力的变化与成长。例如，日本九州工业大学以雷达图呈现学习目标学习成效的自我评价，一方面呈现学生学习成效即目标的达成情况，另一方面凸显各核心能力的强弱、变化与成长。从 2003 年开始，日本九州工业大学开始实施学生学习成效自我评价，每学期让学生针对自己的学习目标达成度进行自我评价，再自行规划后续学期的学习安排，拟定学习计划。

除了关注学生学习成果的呈现形式以外，其成果的展示途径或平台也值得重视。利用“互联网＋教育”构建英语教学课程网络平台，以展示学生过程性与终结性学习成果。借助英语教学资讯平台可以实现：一是，为学生提供英语课程相关信息、表格、范例等，利于学生获得实践学习资源包；二是，共享各实践基地学生的阶段性与终结性的学习成果，利于学生交流与互助；三是，增强了学生实践学习的成就感和取得学习成果的信心；四是，促使评价形式的多元化成为可能；五是，构建线上和线下动态评价反馈体系，提高评价反馈的实效性，利于学生持续改进。

第三节　成果导向英语教学课程评价体系

构建成果导向英语教学课程评价体系的关键在于确定评价主体、评价标准与评价方法。确定评价主体的核心在于研判与英语教学课程具有直接利益关系的相关者，为价值判断提供多元视角与观点；确定评价标准的关键在于根据英语教学课程学习成果（核心能力）确定英语教学评价的主要指标；确定评价方法的重点在于把握各种评价方法的优势与不足，将其有机融合、互补共生、灵活运用。

※ 一、评价主体

评价主体，即解决“谁来评价”的问题，某种程度上决定了评价的公信力，成为成果导向英语教学课程评价体系的重要问题。在成果导向英语教学课程评价中，评价主体是指那些参与英语教学课程评价活动的组织、实施、监督，并按照一定标准对学生及其实践活动进行判断的个人或团体。评价主体主要包括高校教师、实践教师、学生个人。除此之外，学习同伴、管理人员、教师教育院校实践督导人员等的评价对于学生个体而言也具有重要的参考价值。

（一）高校教师

高校教师是专门为学生在英语课程实施期间配备的教师，是经过教师教育院校系统培训的专业评估人员。高校教师对学生的评价与反馈主要包括形成性评价与终结性评价两个方面。形成性评价主要指向学习期间对学生的过程性与发展性评价，是以满足学生不断完善自我需要为目的的评价。此阶段教师要从多方面了解与诊断学生专业成长情形，可通过定期探访学生，观察其保教活动组织情况、教育教学生活的适应情况等，直接对学生进行诊断与辅导。同时，也可以利用学生提交的教学日志、反思周记、模拟活动视频、与实践教师讨论学生的行为表现等间接方式与策略，适时对学生给予评价反馈意见，提供专业化的指导。而终结性评价是用来判断学生是否完成英语教学课程预期学习成果要求的评价。此阶段教师的评价的主要任务是完成学生的整体性表现评价表，审核学生的学习成长档案袋并提供反馈建议，完成学生英语教学课程最终的评估报告等。

（二）实践教师

实践教师是沉浸在实践场域中教育教学经验丰富的教师，其评价角色贯穿于英语教学课程实施的全过程，在学生正式进入实践场域前对其能力基础进行评估，了解学生日常的学习进展并对学生的教育实践提供指导、支持和评价，对学生参与、体验以及研究职业感悟与师德修养、课程设计与教学实施、班级工作与学习指导、保教研究与专业成长各项目模块进行诊断与评价。以教育活动设计与实施典型任务的评价为例，实践教师按照教育活动进行的流程对其进行评价，以协助与引导学生发现自己组织活动的盲点。该典型任务评价可以简单划分为以下四个步骤：

1）活动前评价：了解学生的起点行为与教师准备程度；

2）活动过程评价：反思教育活动过程中遇到的问题；

3）活动后评价：评价学生学习成果及学生的教学表现；

4）追踪评价：对学习迟缓或学习表现不佳的学生学习作追踪观察，并将其结果作为调整活动设计或更换活动内容的参考。

如此，实践教师借助学生完成该典型任务，对其教育活动准备情况、主题内容的适切性、活动过程管理的情形、时间把握情况、学生的参与度、教学方法、心理调适等进行诊断与评价，从积极协助的立场，提供给学生完善学习成果的建议。因此，实践教师在“观察—诊断—评价—反馈—改进”的持续循环中，帮助学生认清教育的目标与特性，并引导学生对教育教学形成正确的观念，逐步达成英语教学课程顶峰学习成果。

（三）学生个体

成果导向教育理念在课程设计、教学以及评价方面均展现出和传统教学不同之处：在评价方面主张评价即学习的观点（Assessment as Learning）；强调学生必须积极主动参与评价的过程；学生在自我评价上扮演着重要的角色，学生是主动且关键的评价者。由此，学生借由各项典型任务完成情况的评价，学会自我反思、自我管理，并从中发现自身的优缺点，总结经验，调整努力的方向与方式，提炼教育教学理论等。成果导向英语教学课程评价聚焦在学习成果上，强调达成学习成果的内涵和学生个人的成长与进步，不强调学习同伴之间的比较。因此，鼓励学生对照评价标准，对自己学习成果的达成情况进行诊断与反思，从而实现自我提高和自我完善。

每个英语课程内容项目模块均会设有自我评价环节，其主要目的在于帮助学生了解与认识自己各个学习成果的完成情况，思考与参照的标准相比较差在哪里，下一步如何做等方面的问题。同时，自我评价促使学生在评价的过程中理解自我角色和职责，深入理解预期学习成果。需要强调的是，在学生自我评价的过程中，教师一方面要鼓励学生真实记录与评价，因为评价的目的不在于评定成绩的高低，而是对学生学习成果达成度的明确掌握，为教师改进指导策略提供参考；另一方面重视学生提出的困惑与自评结果，以促进学生可持续发展为目的，给予针对性与建设性的反馈意见，提供适切的支持与协助，让学生肯定自我评价的作用。此外，学生的自我评价也可以在英语课程初期与末期时进行，以获得英语课程前后待改进与进步之处。

（四）学习同伴

学习同伴是与学生角色一致的教师候选人，二者共同参与、体验与研究教育教学活动实践，并最终达到英语教学课程学习成果（核心能力）。因此，相同的实践场域、一样的教育对象、共同的教师、一致的英语课程学习成果，促成两个学生之间的互助与合作，发展为同伴式学习。而且，研究发现，同伴互助能够促进理论知识向实践经验的转换。因此，同伴互评就是学习过程中直接观察评价的一种较为有效的形式。通过此种形式的评价，学生可以是彼此的观察者，也是彼此观点与做法的反馈者与支持者。在此过程中同伴互助合作、互提意见，均能从学习同伴处获得有益指导。此外，要求教师在每次同伴观察后，组织学生进行讨论与分析，鼓励学生反思同伴与自己的差异，接受建设性的批评，积极提出具体的回应等。

※ 二、评价标准

标准是衡量人或物的准则，是对数量、质量、价值进行比较和判断的基础。评价标准则是一种具体的、可测量的、行为化的评价准则，是依据可观察、可测量的要求而形成的评价内容。本书将成果导向英语教学课程评价标准界定为：是在英语课程目标的引领下形成的对学生的教育实践核心能力水平的期望，是对学生学习成果进行全面、系统测量的依据和标尺。在此评价标准之下，又形成了相应的评价指标及评价指标体系。评价指标即根据一定的评价标准和评价对象确定的具体评价条目。评价标准采用文献研究法、德尔菲专家咨询法、访谈法等确定，采用期望评价标准，对每个具体指标的内涵做出最理想的说明。这种评价标准形式只给出一个最高水平等级的标准，没有列出其他等级水平标准的具体说明。

（一）初拟评价指标

评价指标是具体的、可观察的、可测量的。成果导向英语教学课程评价的起始点是课程目标（核心能力），鉴于此，将英语课程目标转化为以核心能力为一级维度（指标），以表征核心能力的具体行为为二级维度（具体指标或指标细项）的目标。本书基于《专业标准》之专业能力，通过国内外文献查阅和专家访谈，围绕学生应在英语教学课程中获得的核心能力，归纳整理出 7 个一级指标，并细化为 21 个二级指标。同时，将指标设计成专家咨询问卷，向本领域内权威专家征询其合理性程度。专家征询采用利克特 5 级评分法：5 分为非常合理；4 分为比较合理；3 分为一般；2 分为不合理；1 分为非常不合理。经过三轮专家咨询，对初拟的评价指标通过合并、移项、删除、拆分、增加等方式进行修订。问卷条目筛选的标准是：在集中趋势上采用平均数大于或等于 4（$M \geq 4$，5 分等级的 80%）、众数 4 分以上（$Mo \geq 4$）；在一致性上采用标准差得分小于 1（$SD < 1$）、变异系数 $CV < 0.25$、四分位差小于等于 0.5（$QD \leq 0.5$）。同时，结合专家、教师、优秀园长、优秀学生访谈的分析结果，对存在质疑的相关条目进行说明或者修改。

（二）确认评价指标

经过三轮咨询，最终确定了学生核心能力评价标准，共包括 5 个一级指标、22 个二级指标。本标准是评判学生达到英语课程目标的程度，衡量学生的成长与发展，考核学生是否获得英语课程学习成果的依据。

※ 三、评价方法

成果导向英语教学课程评价依据学生需要完成的典型任务设定评价方式，因此，评价方法除了过去的反思日记、教育活动方案设计、学习总结汇报以外，还包括观察评价、档案袋评价、教学演示评价、整体表现评价等，力求使评价方法更为多元。多元的评价方法，可以展现不同学生的能力。有些学生擅长活动方案设计与反思，有的则擅长表达（学习成果汇报、教学演示等），通过多元评价，促使不同特质的学生展现其各自优势。下面主要探讨几种在成果导向英语教学课程中常见的评价方法。

（一）观察评价法

观察评价法主要采用直接观察式评价，其是传统方法，属于过程性评价，旨在观察学生在一日生活不同时间段中，在生活组织与保育、游戏活动开展、教育活动实施、学生观察与评价等全过程中的表现，及时为其提供反馈，以鼓励学生进一步改进。直接观察评价主要由高校教师与实践教师完成，一般包括正式观察与非正式观察两种形式。

1. 正式观察

正式观察的主体以高校教师为主，实践教师、相关管理人员、学习同伴等为辅。通常，教师坐在学生班级的最后面，一边观察，一边拿着笔记本不停地记录，是教学观察中的常见现象，也是收集观察数据的重要方式。为保证学生的核心能力被识别，并能够通过观察性评价为其提供建设性的改进建议，正式观察需要由教师精心准备，如此才能实现对学生的有效指导。具体步骤如下。

一是，观察前的会谈。教师会根据学生提交的教育活动计划、游戏活动的流程等设计方案以及学生的困惑与指导需求，经师生双方商讨确定观察的主要内容。

二是，正式观察。一般而言，教师的正式观察要涉及活动的全过程，而非片段教学。

即观察课程的导入部分（如引导方式、兴趣激发等）、正式实施部分（如提问、互动等）以及结束总结部分（如评价、个别辅导等）。

三是，总结与分析。通常，教师会就活动中师幼互动情况、现有优势、需要改进的方面和拟定的调整与修正策略进行分析，并提供口头和书面两种形式的评价反馈。

四是，观察后的研讨。观察后的讨论与分析应该具有时效性，尽量在正式观察后马上进行。导师协同指导学生对本次观察中自己突出表现、需要提高的部分进行反思，并引导学生发现与正视自己的优势与不足，进而提出未来将采取的改进策略。

由此可见，观察是教师了解学生课程目标达成情况的有效途径，也是学生获得专业指导和提升自我反思能力的有益途径。

2. 非正式观察

非正式观察的主体是实践教师，因为实践教师在的一日生活中都和学生在一起，所进行的观察一般来说没那么正式。观察渗透在一日生活的不同时段，包括学生组织活动、与学生互动、维护班级秩序等各个方面，需要教师运用各种方式方法进行记录，包括视频、照片以及便签记录等各种方式。但无论观察形式、观察内容、记录方式如何，观察后的讨论都是必备项目，而且教师需要从整体上对学生的实践行为表现进行分析，而非仅仅局限于某一个行为表现，孤立地对学生教育教学行为进行评价。单独一节局部的观察评价容易造成评价结果的片面性，且对学生的专业成长意义不大。

（二）档案袋评价法

1. 档案袋评价法的概念界定

档案袋评价法（Portfolio Evaluation）最早应用于艺术领域，其目的在于汇集代表性作品以向他人展示自己的个体技艺与成就，后来逐渐被应用到教育领域，以了解学生的成长历程与发展进步，是一种有影响的质性评价方法。关于档案袋评价的界定及内涵的表述不尽相同，比较一致的观点是：档案袋是由学生自己、同伴以及教师收集并做出评论的相关材料，以此来评价学生在一个或多个领域在能力发展上的进步情况；是教师依据教育目标与计划，让学生持续一段时间主动收集、组织与反思学习成果的档案，以评定其努力、进步以及成长的情形；能够反映学生在具体、预设目标下进步的作品集等。综合以上概念界定与内涵阐释，本书认为：档案袋评价是嵌入在英语教学过程中而进行的评价，是对学生实践学习与专业成长的连续考察。依据英语教学课程的基本特征，参考英语课程学习成果（核心能力）及其具体指标，汇集学生在英语教学全过程中的“典型作品”（如反思日志、英语教学课程计划书、保教工作计划、自我评价表等），以展示其在某一核心能力的努力、进步与成就，并证明学生专业实践能力的发展情况。将档案袋评价方法应用于英语教学过程中，不仅是评价方法上的创新，而且恰好与成果导向教育理念中的“扩大机会”“高度期许”相吻合，关注学生的个性化发展，促进学生个体向高标准持续提高，并鼓励学生学会自己检查自己的进步，鼓励学生自我记录、自我反思与自我改进。

2. 档案袋的内容与评价准则

档案袋主要内容是反映学生英语教学课程学习成果的条目，其评价的行为表现或“典型作品”与其他评价方式一样，均需要反映学生达成课程目标的程度。因此，档案袋的内容可直接由课程目标（核心能力）及其具体指标转换。依据核心能力及其具体指标转换档案项目，可能是一个指标对应一个档案项目，也可能是一个档案项目对应多个指标，还有可能一个指标需要多个档案项目对应。若档案项目过多，需要结合学生的能力、专业水平、时间、经费等进行精简。另外，若有指标无法或不适宜用档案材料的方式呈现，应采用实践操作、视频、照片等取代，学习过程或成果也可以采用他人证明的方式，如参加教研的照片、活动实施前后的会谈与反思等。以阿伯丁大学教育学院第三学年的准教师在的英语教学为例，在为期 3 周的学习结束时，其专业教学档案袋主要包括下列内容。教师指导过程及学习的基本信息；本阶段学习体验的目标和计划；实地调查记录、每日工作计划表、工作情况及进展、对学生的观察计划表及观察记录、教育环境中整合理论与实践的反思记录；学习的自我评价、与合格教师标准相比个人进步情况的自我评价、对整个体验阶段的简要总结、导师的签名等。但不管将什么“作品”收入档案袋，最重要的是对“作品”的反思与阐释说明，即用来分析与说明选择这些“作品”的理由以及阐述对实践教学和学生学习的理解、思考与反思等。

档案袋评价与其他方式评价相比容易主观化，且评阅速度慢，费时费力。鉴于此，为保证该评价方式的客观与省时，应事先拟订档案袋评价标准。档案袋应该以一个合乎逻辑的方式进行组织，且有理有据地证明你是教师，是反思性实践者，是终身学习者，自我反思与评价并为持续改进设立目标。此外，创造力与创新性也同样重要。

档案袋（包括电子档案袋）记录了学生实践学习全过程的所有痕迹，是过程性评价的典范，更为客观准确，让学生的核心能力提升“看得见”，从自己学习成长的轨迹中不断反思与提高。

（三）教学演示评价法

教学演示评价是基于“课程设计与教学实施”这一具体的英语教学课程内容而实施的评价。由高校教师、实践教师、管理人员、教师教育院校实践督查人员等对学生课程设计与教学（教育活动、游戏活动、一日生活活动）的全过程进行现场观摩与评价。评价工具（教学演示评价表）依据成果导向英语教学课程的学习成果（核心能力）及具体指标发展而来的。教学演示评价表内容可引导学生关注自身教育教学表现，有助于学生后续调整、修正以及改进，其评价结果是学生最终是否通过的重要依据之一。同时，按照英语教学课程方案规划，学生必须进行五次完整的试教历程（撰写活动方案、活动实施前的会谈、活动实施以及活动实施后的研讨与反思），但学生与导师可选择其中一次“顶峰表现”作为教学演示评价的依据。

（四）整体表现评价

整体表现评价是综合评价学生英语教学全过程的表现，参照真实情境中的观察评价、教学演示评价、档案袋评价、学生出缺席情形等给予“优良”“通过”“待改进”评价等级。整体表现评价表内容是根据英语教学课程学习成果（核心能力）及其具体指标而设定的，高校教师需要与实践教师讨论后评定结果。评定结果以学生是否达到了自我参照标准作为依据，各具体指标“通过”的数量超过六成者即为“达成”学习目标，否则评定结果为“未达成”。

※ 四、评价实施

成果导向英语教学课程评价实施可以分为内、外两条循环路线。首先，教师教育院校会根据英语课程的预期学习成果拟定英语课程的典型任务，作为此阶段评价的起点。然后，内外部两条循环路线同步开始实施过程与结果双层次达成性评价。

（一）内部自我评价

内部循环评价路线，该路线的主要实施者是学生个人，可以采取反思日记、发展档案袋、自我评价检核表等几种评价形式。在内部自我评价路线中，学生根据先前教师教育课程所获得知识、经验以及能力等对英语课程典型任务进行分析与解读。同时，结合自己的能力需求、未来职业发展定位以及实践场域现实情况，与教师商讨制定自己的英语课程计划与学习目标。接下来，在学习过程中，对自己学习成果的完成情况进行实时监督，进行自我反思与评价，形成内部反馈。最后，对照学习成果以及具体评价标准，依据反馈信息对偏差进行调节与修正。

（二）外部他人评价

外部循环路线，评价主体则是教师（导师）、学习同伴（同伴互评）、管理人员、教师教育院校实践督导人员等。教师和同伴对学生学习成果的完成情况、个人表现进行评价，并将评价信息实时反馈给学生本人，使其进行持续改进。教师的评价与学习同伴的评价使学生进一步明确英语课程目标，完成典型任务与解决实现学习成果过程中出现的问题，并促使双方（教师 / 学生、学习同伴 / 学生）对评价标准达成共识。借由外部评价和反馈，内部个体评价再次启动，学生重新审视自己的课程目标、学习成果的完成情况，调整改进策略，直至成功完成顶峰学习成果。由此，形成了内部自我评价与外部他人评价的一个闭环。

此外，成果导向英语教学课程评价的实施在一定程度上会增加教师、学生的负担：教师实施多元化、过程性评价必然较以往付出更多的评价准备与评阅负担；学生也比先前学习更为用心收集整理、展现证明实践学习的成效；教师教育院校负责实践的管理人员必须相应地修改成绩登录系统或重新设计英语课程学习成果呈现的平台等。因此，成果导向英语教学课程评价实施在考虑提高评价效度的同时，需要对教师、学生以及相关管理人员所增加的负担及各项工作成本予以关注。可见，教师教育院校一方面应该研究建立各项评价的标准及操作程序，作为教师、学生遵循，相关管理人员辅助与监督的依据；另一方面应对评价参与人进行专业、系统的培训，以帮助其深入理解成果导向英语教学课程评价理念，明确评价标准，熟悉评价工具等。如此，才能避免英语课程评价中的主观性与盲目性，保证成果导向英语教学课程评价能更有效地实施与持续改进。

参考文献

［1］杨琳，李杰，王艳洁，等．成果导向课程体系的构建、开发与实施［M］．北京：冶金工业出版社，2020.

［2］李坤崇，王晓典，柏定国．成果导向教育与工程教育认证［M］．哈尔滨：哈尔滨工程大学出版社，2018.

［3］刘志娟等．基于职业标准和成果导向的高职会计专业标准研究［M］．上海：立信会计出版社，2019.

［4］郑丽，郭彦丽．以学习成果为导向的商科专业课程群建设：方案优化与持续改进［M］．北京：对外经济贸易大学出版社，2020.

［5］王斐，李运福．高校在线课程教学质量保障研究：成果导向［M］．西安：陕西科学技术出版社，2022.

［6］刘丹青，殷明，翟树芹．DQP 成果导向在高职教育改革中的应用［M］．武汉：华中师范大学出版社，2021.

［7］王晓典．成果导向高职课程开发［M］．北京：高等教育出版社，2016.

［8］王明海．成果导向高职课程实施［M］．北京：高等教育出版社，2016.

［9］黑龙江职业学院编写组．成果导向高职课程开发案例集［M］．北京：高等教育出版社，2016.

［10］何静，严中华．基于成果导向与学分制的高职人才培养方案设计与应用［M］．广州：中山大学出版社，2020.

［11］金红卫，陈勇．英语认知能力构建与高职实用英语教学改革［M］．吉林出版集团股份有限公司，2018.

［12］冯一粟．高职英语教学改革探索［M］．北京：高等教育出版社，2010.

［13］戴日新，王芳．语言经济学视域下高职英语教学改革和区域经济发展研究［M］．西安：西安交通大学出版社，2017.

［14］孙铭阳．高职英语教学模式改革研究［M］．长春：吉林出版集团股份有限公司，2022.

［15］冉茂杨．高职英语教育教学改革研究与分析［M］．长春：吉林人民出版社，2018.

［16］资灿．高职英语教学的发展与创新研究［M］．成都：西南交通大学出版社，2020.

［17］刘广宇，王运华．英语课程体系构建与教学改革研究［M］．长春：吉林人民出版社，2020.

［18］王秋．高职英语课堂混合式教学研究［M］．长春：吉林人民出版社，2020.

［19］郭鸿雁，周震．新时代外语教学改革［M］．银川：宁夏人民教育出版社，2020.

［20］向前进，曹佩升，刘文平．高职高专英语教学改革与发展研究［M］．北京：高等教育出版社，2010.

［21］陈海燕．高职商务英语专业实践教学体系研究［M］．北京：北京理工大学出版社，2016.

［22］刘欣．基于成果导向教育模式的高职英语教学改革体会［J］．校园英语，2019（41）：50.

［23］张玓萌．基于成果导向教育模式的高职英语教学改革研究［J］．青年与社会，2019（33）：130-131.

［24］李美华．基于成果导向教育模式的高职英语教学改革探索［J］．成才之路,2021（33）：33-34.

［25］王宁．基于成果导向教育模式的高职英语教学改革［J］．当代旅游，2018（6）：224.

［26］贲蕾．基于成果导向教育模式的高职英语教学改革［J］．好家长，2018（84）：181.

［27］熊凤萍．浅析成果导向教育模式下高职英语教学改革路径［J］．互动软件，2021（6）：4542.

［28］段晓凯．基于成果导向教育模式的高职英语教学改革［J］．高教学刊，2018（6）：170-172+175.

［29］梁瑛．探析成果导向教育模式背景下高职英语教学改革［J］．国际公关，2019（10）：129.

［30］石磊．基于“成果导向”的高职院校专业英语课程改革研究［J］．教书育人（高教论坛），2021（30）：74-77.

［31］朱丽华．高职英语成果导向教学单元设计［J］．当代旅游（高尔夫旅行），2018（3）：279.

［32］赵亚玲，陈雯，卢魁．基于成果导向的高职英语项目化教学探索——以《高职基础英语》为例［J］．邢台职业技术学院学报，2022，39（04）：15-19+44.

［33］莫艺飞．成果导向理论下课程思政有效融入高职大学英语教学的策略探析［J］．海外英语，2022（3）：219-220.

［34］归虹．探讨“成果导向”教育模式下的高职英语课堂教学［J］．智库时代,2019（46）：194-195.

［35］冯珂．成果导向理念指导下的高职公共英语课程改革［J］．广东农工商职业技术学院学报，2019，35（04）：45-49+53.

［36］王素莉．小议高职“成果导向＋行动学习”课程改革实践——基于机械专业《实用英语》课程改革［J］．文苑，2021（1）：122-123.

［37］黄跃进．基于成果导向的高职英语写作课程思政教学设计路径［J］．成都师范学院

学报，2021，37（11）：1-10.

［38］刘翌春．浅谈成果导向模式下高职英语教学［J］．当代旅游（高尔夫旅行），2018（01）：262.

［39］叶雪．浅谈成果导向模式下高职英语教学［J］．知识文库，2021（04）：106-107.